青春文庫

日本人の9割が答えられない
日本の大疑問100

話題の達人倶楽部［編］

青春出版社

はじめに

近所のスーパーは毎週末、刺身を安売りする。そういう日は地域に住む外国人たちも「サシミ、安いネ」などと言いながら買っていく姿を見かけたりする。その光景を見ながら、ふと思った。「生の魚の切り身を、なぜ刺身と呼ぶのだろう?」と。

そんな視点で考えてみると、この国にはいろいろなギモンがある。「円はなぜENではなくYENと書くの?」「お城のてっぺんにシャチホコがいるのはなぜ?」「芸者さんは、なぜあんなにオシロイを顔に塗っているの?」などなど。この国には「ほとんどの日本人が即答できない」素朴なギモンが溢れている。それらを100のギモンとしてまとめたのが本書だ。

2020年には東京オリンピック・パラリンピックが開催され、多くの外国人が日本を目指してやって来る。きっと日本で目にするさまざまなことに不思議やギモンを感じるはずだ。本書では、外国人が気になるようなギモンの下には☆印をつけ、巻末で英語での答え方の一例もつけている。海外からのお客さまには、これを使って「ニッポンのギモン」を解消してあげてほしい。

話題の達人倶楽部

日本人の9割が答えられない　日本の大疑問100

目次

第1章 円はなぜ「EN」でなく「YEN」と書くのか？

~外国人観光客に聞かれても困らないニッポン16の疑問

Toru

第2章 古い看板はなぜ横書きの文字が「右から左」に書かれている？

~日本人でもわかっていない日常生活15の盲点

Chōchin

第3章 芸者さんはどうして「不自然なまでに白塗り」しているの？

～日本人なら知っておきたい日本文化11の発見

第4章 47都道府県の中でなぜ北海道だけが「道」なのか？

～言われてみれば確かに気になる地理・地名13の謎

第5章 「大正エビ」は明治時代には何と呼ばれていたんだろう？
～世界でブーム！日本の食にまつわる15の常識

Sake

第6章 お侍さんはなぜチョンマゲなんて結っていたの？

～学校では教えてくれない日本の歴史13の雑学

第7章 日本人はなぜ電車でもお店でもきちんと行列ができるのか？

〜世界に広めたい日本人の風習17の真実

編集協力／タンクフル
カバー&扉イラスト／Natasha Pankina/Shutterstock
本文イラスト／坂木浩子
英文協力／ヒューマンサイエンス
DTP／エヌケイクルー

第1章

円はなぜ「EN」でなく「YEN」と書くのか？

～外国人観光客に聞かれても困らないニッポン16の疑問

1 お城の屋根に魚（シャチホコ）が載っているのはなぜ？ ☆1

日本人は、神様へのお願いごとがわりと好きな国民かもしれない。いわゆる「神頼み」である。

受験シーズンになれば「合格祈願」、恋に落ちれば「恋愛成就」、家を建てれば「火災除け」、厄年になると「厄除け」などなど。最近ではあまり見かけられなくなったが、自動車を購入したら神社に持って行って、交通事故を起さないようにとお祓いをしてもらう人もいたくらいである。

そのたびに、神社から御札や御守りをもらってきて、家の柱に貼ったり、カバンにぶら下げていたりした。そういえば、かつての日本の家には、御札や御守りがあちこちに貼ってあったりぶら下げられていたりしたものだ。

同じような考え方は、ずっと以前の戦国時代にもあった。お殿様が住む城にも、災厄を除けるための、まじないの品が備えられていた。そのひとつが有名なシャチホコである。

※☆印の項はP.221～で英語での答え方を載せています。

シャチホコは、頭が虎に似て、体は魚という想像上の動物で、見た目は「大きな魚」だ。雨を降らせる力を持つとされる。顔は前方に向け、背中をそらせて、尾を天に向けているのが特徴だ。

このシャチホコは、お城で一番高い建物である天守閣の屋根などに取り付けられた。最初にシャチホコを城につけたのは織田信長で、安土城の天守閣に祀ったとされている。

シャチホコを屋根に取り付けた意味は、火除けとされている。火事になったら、水の生き物であるシャチホコが水を吹き出して延焼を抑えるといわれたからだ。火除けの守り神というわけである。

このシャチホコの原型は中国の伝説上の海獣「鴟尾《しび》」である。中国では、大きな仏閣の屋根の両端に、そり上がった鴟尾を形どった瓦を用いる。これは、魚の形はしていないものの、形状はシャチホコに非常に似ている。これも火除けのまじないとして用いられた。日本でも古い仏閣の屋根には鴟尾が設置されている。この鴟尾の変形が、シャチホコなのである。

2 東京ディズニーランドが千葉県浦安市にできた本当の理由は？

世界的に知られる日本の象徴といえば富士山である。その美しい姿を目にすると、多くの人が「ああ、日本だ」と感慨にふける。関東の各地に「富士見坂」という地名があるが、その坂から富士山が見えたことに由来するケースが多い。江戸城には、富士見櫓があり、歴代の将軍はそこから見える富士山の姿に心を奪われていたに違いない。

富士山を遠くから見られる場所としては、200キロ以上離れている京都や和歌山、300キロ以上離れている福島でも富士山が見えたという報道もある。ちなみに、福島県の羽山は富士山が見える北限の山として知られている。富士山の姿は、かろうじてわかる程度でも、「あれが富士山」と思えば、感慨もひとしおだろう。

この日本の象徴である富士山が、東京ディズニーランドの場所に大きく影響したとされている。東京ディズニーランドは千葉県浦安市にあるが、ディズニーランドを日本に作る計画がのぼったとき、浦安市だけではなく、富士山の裾野も候補地とされていたという。では、富士山ではなく浦安市が選ばれた理由はなにか？　ディズニーランドは夢の国というコンセプトを持っている。日常に溢れる現実とは隔絶した世界を演出している。その夢の国から、富士山という日本の象徴が見えたらどうだろうか？　来場客は「ここは日本だ」ということを思い出してしまうだろう。

とはいえディズニーランドの内部から富士山の姿が目に入らないように、建物で隠すことは可能だ。しかし行き帰りの道で富士山の姿が見えてしまう。「ディズニーランドも楽しかったけど、富士山は格別だねえ」と、夢の世界から引き離されてしまうに違いない。

このように、来場客の心を夢の国に留めるために、東京ディズニーランドは、周辺に目立った観光名所のない浦安市に作られたとされている。

ただし、天候さえ良ければ、浦安市からも小さな富士山の姿を見ることはできる。だからといって、ディズニーランドからの帰りに富士山を探すのは興ざめだからやめていただきたい。

3 円はなぜ「EN」でなく「YEN」と書くのか？

日本の通貨の「円」は「¥」という記号で表される。アルファベットの「Y」に二本線を足したデザインだが、なぜ「Y」なのかと言えば、「円」のローマ字表記が「YEN」だからだ。

ここで大きな疑問が一つ。「円」は「エン」なのだから、ローマ字表記ならば「EN」でいいはずだ。なぜ「YEN」なのだろうか。その理由には諸説ある。

まずは、発音上の理由。「EN」は外国人が発音すると「エン」ではなく「イン」に近くなる。確かに、英語は「ENGLISH」で「イングリッシュ」だ。日本語のエンの発音に近づけるためにYをつけたという説。

また、「EN」はオランダ語やスペイン語、フランス語では、それぞれ別の意味を持つ単語なので同じ表記を避けたという説や、例えば「十円」を「TEN EN」と書いてしまうと「テン・エン」ではなく「テネン」と続けて読まれてしまうおそれがあるため、Yをつけたという話もある。

一方、中国の通貨である「元」との意外な関係も興味深い。元の紙幣には、通貨単位の「圓」が「YUAN」として表示されている。それが「YEN」に転化したとする説だ。

この「圓」という字は「円」の旧字体だが、この字が日本に入ってきたとき、ひらがなでは「ゑん」と表記された。この「ゑ」は「あ行」ではなく「わ行」の「え」。「わいうえを」の「え」だ。あ行の「え」は「E」で、わ行の「ゑ」は「YE」と表記した。これが「YEN」の由来とも言われている。「ゑ」をカタカナで書くと「ヱ」だ。サッポロビールのホームページでは「ヱビスビール」を「YEBISU」と書いている。

また「¥」マークの二本線だが、単に「Y」と区別するためという説と、アメリカのドルマークを真似たという説がある。ちなみにこの「$」の由来も、アメリカ大陸を発見したスペインの頭文字「S」に、スペインの旗印にも描かれている「ヘラクレスの柱」を表す二本線を入れたという説や、「United States」の「U」と「S」を組み合わせたという説があり、はっきりしていない。

4 握り寿司を「一貫」「二貫」と数えるワケは？

コンビニで弁当や惣菜を買ったときなど、「お箸はいくつ、おつけしますか」「えっと、2つ、つけてください」とは、よくある会話。正しくは、箸は一膳《いちぜん》と数えるが「何膳おつけしますか」などと聞かれたら、逆に違和感があるかもしれない。

でも、モノによって数え方が異なるのは日本語ならでは。タンスは「一棹《ひとさお》」だし、机や椅子は「一脚《いっきゃく》」、食器のお椀は「一口《いっく》」。日本人たるもの正しい数え方を心がけたい。

外国人に大人気の日本食である寿司も独特の数え方をする。握り寿司なら、一つ、二つ、でも、一個、二個でもなく「一貫《いっかん》」「二貫《にかん》」だ。

じつは、握り寿司が広まった江戸時代後期の数え方は一つ二つで、まだ「貫」ではなかったとされている。時代が下り明治から昭和になっても、寿司について書かれた書物に「貫」はほとんど出てこない。1975年に出版された「すし技術教科書　江戸前ずし編」という本でようやく、握り寿司を「一カン」と数える記述が多く見られるようになったという。ごく最近のことなのだ。

一貫、二貫の語源については諸説あり、寿司を握るときの力を「一貫目の氷を重しにしたくらい」と表現したことが由来という説や、江戸時代には貨幣の穴に紐を通し、「(貨幣価値で)一貫もある」と誇張することがあり、その束ねた貨幣の大きさや重さが寿司と同じ程度だったという説がある。江戸っ子が握り寿司の重さを誇張して一貫寿司と呼んだとも言われるが、一貫は約3・75キログラムだ。ちょっと誇張しすぎだろう。あるいは、巻き寿司を「一巻《いっかん》」と数えたことから、「貫」の字を当てたという説もあり、どれが正しいのかははっきりしていない。

じつは、握り寿司一つを一貫と数えるか、二つセットで一貫と数えるかも明確ではないが、一つを一貫と数えるほうが多いようだ。

ちなみに、二貫を一セットで出されることが多いが、なぜ二貫なのかも諸説あり。昔はネタが少なかったため、大きく握ったものを二つに切って出していたことの名残というのがよく知られている。

しかし、最近の回転寿司などでは、高価なネタは一皿に一貫しか乗っていないなど、二貫セットの文化も変わりつつあるようだ。

5 蕎麦はなぜ「ズルズル！」と音を立てて食べていいのか？

秋の夜長の風物詩といえば、鈴虫やまつ虫の鳴き声。日本人はこれを風流と感じるが、欧米人には「雑音」に聞こえるとか。そもそも「昆虫を飼う」ことを気味悪がるとも。

音に対する感覚の違いは他にもあり、例えばお寺などの鐘の音。欧米でも教会などで鐘を鳴らすが、お寺では「ボーン」とついた後に、その余韻を十分に感じたあとに次をつくが、欧米では連続的に「ジャラーン・ジャラーン」と鳴らすことが多いという。このように音についての感じ方は、外国人と日本人ではいろいろと違うのだ。

食事をするときに立てる音の「寛容度」にも欧米と日本とでは差がある。もともと、ナイフ、フォーク、スプーンを使用する欧米の料理は、お皿と触れることによる音がしやすい。だからこそ、音にはナーバス。スープも音を立てずに飲むのが正しいマナーとされている。

英語でどう答える？①

「なぜ蕎麦は音を立てて食べるの？」と聞かれたら…

Slurping makes it easier
to enjoy the aroma of the noodles,
and also have them go down smoothly.
（そのほうが蕎麦の「香り」と「のどごし」を楽しめるから）
ズズーッ
Wow!

もちろん、日本料理でも、食器の音を立てない、クチャクチャと咀嚼する音を立てないなどは、基本的なマナーだ。

ただし、蕎麦をすするときだけは、ズルズルッと音を立てても良いとされている。落語家が、扇子を箸に見立てて蕎麦をすする仕草を見てもわかるように、むしろ音を立ててすするのが江戸っ子の粋でもあるのだ。なぜだろう? 理由はあるのか。

そもそも、蕎麦の醍醐味は「香り」と「喉越し」。それを楽しめるような食べ方が正解と言える。もり蕎麦やざる蕎麦をつけ汁につけるとき、蕎麦の三分の一程度をつけて食べるという作法があるが、これは汁にどっぷり浸してしまうと蕎麦の香りがわからなくなってしまうという理由からだ。

とはいえ、蕎麦はちぢれていない真っ直ぐな麺だから、つけ汁が絡みにくい。のんびりすすっていたら、汁の味がしなくなってしまう。勢いよくすすれば、適量の汁を蕎麦と一緒に口に入れることができるというわけだ。

また、すすることで空気も一緒に口の中に入り、それが鼻に抜けるときに蕎麦の香りを感じることができる。音を立ててすするのには、蕎麦を美味しく食べるためという理由があるのだ。

6 東京の街がどこも、いつもきれいなのはなぜ？　☆2

トロイ遺跡の発掘で世界的に有名なシュリーマンは江戸時代の日本を旅した記録「シュリーマン旅行記　清国・日本」を残している。その中で、日本人が毎日、銭湯に通うことに驚き、世界でも類を見ないほど清潔な国民と評したという。

日本人はキレイ好きなのだ。海外からの旅行者が日本に来て驚くことの一つが、街の清潔さ。毎朝、ゴミ回収車が街の隅々を走って、ゴミステーションに出されたものを収集している。

住人がゴミを出す際も、「燃えるゴミ」「燃えないゴミ」「リサイクルゴミ」など、種類ごとに分類し、ゴミステーションに持っていく。タバコの吸い殻などをポイ捨てする輩もいるが、自分の家の前、店舗の前は各自がこまめに掃除するので、路上はいつもきれいだ。

このように、東京の街が清潔なのは、ゴミ回収システムがきちんと機能していることと、住人の清潔に対する意識が高いことがあるだろう。

日本の街が清潔なのは、いまに限った話ではない。シュリーマンだけではなく、江戸時代に日本を訪れた外国人も、江戸の街の清潔さについて記録を残している。ゴミの回収が始まったのも、江戸時代の１６６２年とされている。１６９７年にはそのための役職として、芥改役《あくたあらためやく》が設けられた。

当時のゴミのリサイクルシステムは、現在よりも進んでいたかもしれない。廃棄物と思われるような木くず、古い布さえリサイクルできるものとして売り買いされていたため、ゴミにはならなかった。さらには人間の排泄物ですら、農作物の肥やしとして、農村に売られていたのだ。

驚くべきことに排泄物にはランクが設定され、大名や商人の家から出るものは価格が高く、一般庶民の排泄物は安くなっていたという。

江戸は１００万人を超える大都市だったというが、その人口を支えるには排泄物やゴミ問題を解決しなくてはいけなかった。それを、何でもリサイクルしてゴミにしないというエコなシステムで実現していたのである。まさに「モッタイナイ」を体現した都市だったと言える。その意識が、現在の日本人にも脈々と受け継がれているからこそ、東京の街は清潔さを保っている。

7 お神輿を担ぐときの「わっしょい」ってどういう意味？

宇宙人を呼ぶときは「ベントラベントラ、スペースピープル」と唱える。スペースピープルは英語なので理解できるが、ベントラの意味はわからないだろう。

それもそのはず。「ベントラ」は宇宙語なのである。宇宙人と交信できるというアメリカ人のジョージ・ヴァン・タッセル氏によると、「宇宙船」を意味する言葉だそうだ。

日本人が日常的に使う言葉の中でも、意味がわからず使っているものも少なくはない。例えば、お祭りでお神輿を担ぐときの掛け声の「わっしょい」、ものを持ち上げるときの「どっこいしょ」、相撲を始めるときの「はっけよい」。

これらの言葉は、口にする日本人でも意味をわからずに使っていることが多い。

このうち、「わっしょい」の語源は諸説あるものの、「和を背負《しょ》う」に由来すると言われている。

和とは、昔の「日本」を意味する言葉であり、人と人とが仲良くする「和」の意味もある。「和を以て貴しと為す」という十七条の憲法を作ったのは聖徳太子。その精神は今もなお残っていると言える。

「どっこいしょ」は、山を登る際に唱える「六根清浄《ろっこんしょうじょう》」から来ているとされる。六根とは、視覚、聴覚、嗅覚、味覚、触覚、意識のこと。この6つを清らかにするという意味を込めた言葉である。それがなまって「どっこいしょ」という言葉が生まれたとされている。

「はっけよい」は、そのように聞こえるが、相撲の審判である行司は「はっきよい」と発音しているそうだ。これは「発気揚々《はっきようよう》」から来ているとされ、気合を入れて勝負するという意味が込められている。

意味がわからずに使っている言葉にも、さかのぼれば先人たちのいろいろな思いが込められているのだ。

8 なぜ神社の参道には小さくて丸い石が敷き詰められている？

波打ち際を素足で歩いたら、キュッキュッと砂が鳴く。いわゆる鳴き砂の海岸で、日本には150カ所から200カ所もあるという。

鳴き砂に限らず、もともと日本人は、歩くときに足元から聞こえる音に独特の感性を持っていたのかもしれない。秋に落ち葉を踏み分ける音、冬にサクサクと霜柱を踏む音、そして、新雪に足を踏み入れる音など、いずれも、それぞれの季節の風物詩ともいえるだろう。

足元から聞こえてくる音といえば、神社の境内や参道を歩いていても、シャリシャリと心地よい音がする。敷き詰められた小さくて丸い石、玉砂利のためだ。この玉砂利、じつは、外国人には「歩きにくい」と評判があまりよくはないらしい。

歩きにくいのは、もしかしたら日本人も同じかもしれないが、それなのに、どうして神社には玉砂利が敷かれているのだろうか。

理由は、玉砂利という名称、大きさや形、そして音にある。玉砂利の玉とは「たましい（魂）」や「みたま（御霊）」のこと。よく「玉のような赤ちゃん」や「上玉」というように「美しい」「大切なもの」という意味もある。つまり、玉砂利とは「御霊のこもった」「美しく」「大切な」石ということ。

もう一つ、玉砂利の上を歩くときのシャリシャリという音に意味がある。あの音を耳にすることで、参拝者の身や心が静かに落ち着き、清められるというのだ。

ちなみに、日本では古くから、神聖な場所に小さな石を敷いて清めるという風習があったとされている。そのため、玉砂利も神社を神聖な場として保つために敷かれているという説もある。

さて、神社へお参りするときには、玉砂利を踏みしめ、その音を聞きながら参道を歩いて行く。そのときに参道の中央は「正中」といって、神様の通り道とされている。真ん中を歩かずに、端を歩くのが神様への礼儀だ。

9 神社でも「大社」「神宮」「神社」と呼び方が違うのはなぜ？

出雲大社、明治神宮、厳島神社。どれも有名な神社で、毎年多くの参拝者が訪れている。しかし不思議に思わないだろうか。神社なのに呼び方は「大社」「神宮」「神社」と異なる。どんな違いがあるのだろうか。

じつは、平安時代に制定された神社制度「官国幣社制度」のもとでは、大社は出雲大社だけだった。しかし戦後になって制度が廃止されると、住吉大社や春日大社のように「大社」を名乗る神社が増加したのだ。

とはいえ、どんな神社でも名乗っていいわけではない。多数ある同名の神社の中で本家に当たる神社であることが基準としてあるようだ。それに対して「社」の称号は、大きな神社から神様を勧請、ようするに分霊して移した神社に対し使われるのが一般的だ。

一方の「神宮」だが、これは古くから皇室と繋がりのある神社か、天皇を祀っている神社に対する呼称だ。明治神宮は言うまでもなく明治天皇を、平安神宮は桓武天皇をお祀りしている。

ただ、単に「神宮」と言った場合には伊勢神宮を指す。誰もが使っている「伊勢神宮」の名は通称で、「神宮」が正式名称なのだ。

また、徳川家康を祀る「東照宮」や菅原道真を祀る「天満宮」のように「神宮」ではなく「宮」が付く神社もある。

実は、神社と神宮の違いにはもう一つの説がある。神社は神様が一時的に降りてくる場所で、用が済んだら神域に帰ってしまう。そこで、ずっと神様にいてもらうために住む場所（お宮）を提供した。それが神宮だ。つまり、神社は神様が立ち寄る場所、神宮は神様が常駐している場所というわけだ。

10 成田に国際空港が作られたワケは？

世界で初めて飛行機で空を飛んだのはライト兄弟。1903年にライト兄弟が乗ったライトフライヤー号の1回目の飛行は、わずか約36・5メートル、滞空時間にしてたったの12秒であった。ロケットの父と呼ばれるゴダードが、1926年に打ち上げたロケットは、12・5メートルほど空中に上がっただけである。

36・5メートルや12・5メートルしか飛ばない飛行機やロケットであれば、その発着場を建設するのにそれほどの苦労はいらない。広大なスペースも必要ないので、場所選びも問題はないだろう。

ところが現在の飛行場となるとそうはいかない。都心に近い場所なら便利ではあるが、万が一、事故が起きると近隣の都市にも被害を及ぼすリスクがある。また、居住地が近くなると騒音問題も引き起こす。1931年に開港した東京国際空港（羽田空港）が、埋立地の島に作られたのもそのためである。

さて、羽田空港は2001年より国際便が就航するようになったが、それまで国際便は千葉にある成田国際空港を利用していた。羽田空港も、正式名称が東京国際空港というように、当初は国内便、国際便ともに発着していたのだが、便数増加により、国際便は1978年から成田国際空港に移ったのである。

その際、空港を作る場として、なぜ千葉県の成田市が選ばれたのか？　理由はいくつかあるが、当時の成田は御料牧場、つまり皇室のための牧場であって、国有地だったこと。東京に近く、周囲に山林がなかったことも空港建設の条件として適していた。

なお、他の候補地として挙げられたのは、同じく千葉の富里と茨城の霞ヶ浦だった。

11 日本のタクシーはなぜ自動ドアなの？　☆3

オリンピック・パラリンピックや万国博覧会など、国を挙げての一大イベントの開催が決定すると、それに向けて空港や高速道路、鉄道などのインフラが整備され、同時に新しい技術やサービスが次々に実用化される。

1964年の東京オリンピックをきっかけに登場したものとして有名なのは新幹

線や首都高速。新幹線は開催のわずか9日前の1964年10月1日に開業・開通している。

東京オリンピックをきっかけに実用化され普及したものは他にも数多くあるが、タクシーの自動ドアもその一つとされている。

タクシーの自動ドアは、1950年代後半にすでに開発されていたようだが、東京オリンピックが開催された1964年に東京の大手タクシー会社が新車にこぞって導入したことから一気に普及した。東京オリンピックをきっかけに増加する「海外からのお客様をおもてなしするため」に多くのタクシー会社が自動ドアを導入したとされている。

つまり、日本のタクシーはなぜ自動ドアなのか？　その理由は、外国人観光客への「おもてなし」の気持ちの表れと言えるのだ。

現在では、日本のタクシーと言えば自動ドアが当たり前だが、じつは海外では珍しく、日本独特と言ってもいいだろう。海外から日本を訪れた外国人観光客は、成田空港や羽田空港で最初に目にするこの自動ドアに驚くという。

反対に、仕事で日本に駐在していたり、日本に留学していたりした外国人など、日本での暮らしに慣れてしまった外国人が母国に帰ると、「タクシーを停めた後に、しばらくドアが自動で開くのを待ってしまった」となってしまうらしい。

さて、2020年の東京オリンピック・パラリンピックの開催に向け、注目されているのは、タクシーの自動ドアどころか、ドライバーがいなくても乗客を目的地まで運ぶ「自動運転車」だ。「ある場所から競技会場までの往復」など限定的ではあるが実用化が期待されている。

12 富士山の五合目、登山ルートの中間地点じゃないって知ってた？

2013年に世界文化遺産に登録された、日本一の霊峰、富士山。古くから信仰の対象として、日本の象徴として愛されてきた山だが、最近は外国人にも富士山ファンが多く、海外からも多くの登山客を集めている。

富士山の五合目までは車でも行けるため、多くの売店が立ち並ぶ観光スポットにもなっているが、五合目は何を基準に決めたのか、また「合」という単位の由来は何であるのかご存知だろうか。

「〇合目」の標識は、登山者がどこまで登ってきたかを知るための目安となるものだ。麓の一合目から始まって、山頂が十合目となっている。ということは、五合目はちょうど登山する距離の半分まで到達したということか、と思いがちだがそうではない。では、標高が半分の地点かというと、それも違うようだ。

実は「〇合目」の標識は、距離や標高を十等分して決めたのではなく、登山の難易度で決められているのだ。傾斜が緩やかで、登山者の体力も十分残っている麓では一合間の距離が長く、傾斜が急になり登山者の疲労も蓄積される山頂付近では短くなっている。

では、なぜ「合」という単位を使ったのか。山道の単位を「合」で表したのは富士山が最初だと言われているが、由来には諸説ある。

山の形が米を盛ったときの形に似ているので、米の量を計る単位である合を使ったという説や、仏教用語で極めて長い時間を表す「劫」に由来するという説。昔は富士山を登るときに行灯《あんどん》で足下を照らしたので、その油を一合使い果たすごとに区切ったという説もある。

ちなみに富士山には、「七合目」「八合目」の他に「新七合目」や「新八合目」「本八合目」などがある。ルートによっては七合目や八合目に二回出くわすこともあるので要注意。

13 蕎麦やうどんの「だし」、関東風・関西風でどうして違うの？

美食家として高名な北大路魯山人は、その著作の中で、「東京人は昆布の味を知らない」と語っている。食に対する厳しさと、毒舌の激しさでも有名な氏の言葉である。ともすれば、東京に対するただの悪口に思えてしまうかもしれないが、これは決して根拠のない話ではない。なぜなら東京で「だし」といえば、主に昆布ではなく鰹節を使ったものを指しているからだ。

ではどうして昆布ベースの「だし」は東京で普及しなかったのだろうか？　原因として、生産地からの流通経路が大きく関わっている。

昆布の主な生産地は北海道。東京が首都になる前、それらの昆布はまず関西に運ばれた。その際、日本海側の航路を通って関西の港に輸送されてくるのだが、その時点で一級品の昆布はすべて買い占められてしまう。そうなると、関東に運ばれてくる昆布は二級品、三級品のものだけになってしまっていたという。こんな状況では、東京人が鰹節で「だし」を取りたくなるのも理解できるだろう。

しかし、昆布が関東で普及しない理由はもう一つあったのだ。それは「水の硬度」の違いである。

一般的には、日本の水はカルシウムとマグネシウムが溶け込んでいる割合の低い「軟水」であるが、関東の水は他の地域と比べて硬度が高い。この硬度の高い水で昆布のだしを取ろうとすると、うま味よりもアクが目立ってしまい、美味しい「だし」を取ることができなかったのだ。

つまり、関東の硬水では、昆布だし本来のうま味を引き出すことが難しく、「なんか美味しくないな」となってしまっていたのである。

この水の違いが、「だし」の違いとなり、ひいては関東風、関西風の味付けの違いへと繋がっていったとされている。

14 スキヤキを食べるなら和牛？　国産牛？

縁日で売られている人気モノと言えば「ミドリガメ」。金魚すくいでも、ミドリガメが泳いでいると、つい、すくいたくなってしまう人も多いだろう。

このミドリガメ、正式名はミシシッピアカミミガメで、繁殖力が非常に強い。日本の生態系を破壊しかねないと、２０２０年を目途に輸入禁止になることが決まった。

ミドリガメに限らず、今の日本には本来、日本には生息していなかった動物が飼育されたり養殖されたりしている例は多い。

例えば、食肉用の牛もそう。もともと、日本に生息していた牛を品種改良で食肉用としたのが和牛。和牛＝高級品のイメージだが、商品名ではなく品種名で、「黒毛和種」「褐色和種」「日本短角種」「無角和種」が和牛と呼ばれている。

三重県の松坂牛、兵庫県の神戸牛、山形県の米沢牛、宮崎県の宮崎牛、鹿児島県の鹿児島黒牛などは黒毛和種の和牛、いわゆる黒毛和牛だ。品種名なので、産地に関係なく、オーストラリアで飼育された黒毛和種も和牛である。

一方、スーパーなどで買い物していると、和牛ではなく「国産牛」という表示もよく見かける。この国産牛は、日本で生産された牛という意味。つまり、日本で食肉用に加工された牛肉だ。

本来は日本には生息していなかったホルスタインなどの外来種、オーストラリアやアメリカで生まれて日本に輸入され、飼育された牛も国産牛だ。

以前は、3カ月以上日本で飼育された牛でないと国産牛と表示できなかったが、現在では、3カ月以内であっても飼育された期間が最も長い場所が日本国内であれば国産牛と表示できる。

また、「黒毛牛」と表示されている牛肉を見たことがあるかもしれないが、これは黒毛和牛とは別物。身体のどこか一部分に黒い毛がある牛を「黒毛牛」と表示しているのだ。和牛とは限らない。実際、黒毛牛にはホルスタインが多いという。

なお、世界で最も多くの牛が飼育されているのは、インドで約2億1000万頭。ほぼ同じ頭数がブラジルでも飼育されている。

15 会席料理と懐石料理の大きな違いって？

会席料理と懐石料理、同じ「カイセキ」料理で紛らわしい。会席料理は大人数で集まった宴会などの席で出される料理というイメージで、懐石料理といえば高級料亭で楽しむ料理を思い浮かべるだろうか。

どちらも料亭や日本料理屋で、仲居さんが一品ずつ運んでくるスタイルという共通点もある。違いは何だろうか。

実はこれらは、由来からして違うものなのだ。会席料理は、室町時代に武士や貴族が客人をもてなすために出した本膳料理から生まれた宴席料理が由来とされている。これが変化して、酒宴の際に供される華やかな食事を意味するようになった。

一方の懐石料理だが、その起源は鎌倉時代にさかのぼる。禅宗のお寺で厳しい修行に耐えていたお坊さんが、熱した石を懐にしのばせて胃を温め、空腹を紛らわせていたという話に由来する。この石が「懐石」の語源とされている。つまり、懐石料理は、空腹をしのぐための質素な食事を意味していたのだ。

これがのちに茶道と結び付き、お茶の席で振る舞われる料理となった。そのため「茶懐石」と呼ぶ場合もある。また「懐石」だけで「料理」の意味も含まれるため、「懐石料理」では「馬から落馬」と同様の重言になるが、現在では「懐石料理」が一般的となっている。

懐石料理は一汁三菜が基本の食事で、吸い物で口直しをした後に酒の肴として八寸や強肴《しいざかな》が出る。対して会席料理は酒が中心の食事なので、懐石とは逆にご飯と汁物は最後で、前菜や煮物、刺身などが先に出てくる。

16 なぜ日本人はペコペコとお辞儀をするの？

サッカーではゴールを決めたあとに、派手なパフォーマンスを披露する選手が少なくない。

軽快なダンスを踊ってみせたり、宙返りやバック転をしたり……。海外で活躍する日本人サッカープレーヤー、長友佑都選手のゴールパフォーマンスはなんと「お辞儀」だ。

お辞儀は、腰を曲げて上半身を前方に傾け、頭の位置を下げる動作である。日本人は、どんなときにお辞儀をするのか。挨拶をするとき、知り合いとすれ違ったとき、別れるとき、お礼を言うとき、謝罪するとき…。数え上げると切りがない。それほど、お辞儀は日本人の生活に浸透している。

欧米にも、お辞儀に相当する儀礼はある。相手の前で片膝を地面につけて、頭を下げる。王や貴族など、高貴な人の前で敬意を示す行為として使われている。それに対し日本のお辞儀は、目上の人はもちろん、対等の者、目下の者にさえ使われるのが特徴だ。しかも何度も繰り返すことが多い。

この「何度もお辞儀を繰り返す」仕草が外国の人には不思議に見えるという。なぜ、何度も繰り返すのか、と。

その理由は、お辞儀とは礼儀なので、お辞儀を終えて頭を上げたときに、相手がまだ頭を下げていたら、再び頭を下げるためである。それが礼儀なのだ。

それを繰り返していると、結果的に何度もお互いにペコペコとお辞儀をすることになってしまう。

幕末に来日して西洋医学を日本に伝えたシーボルトは、第11代将軍徳川家斉に謁見する際、何度もお辞儀をさせられ閉口したと日記に書いていたという。

なお、江戸時代に西洋人が残した記録によると、日本人がお辞儀をする際は、息を吸ったり吐いたりして口から「シューシュー」と音を出すと記されている。さすがに、今はそれをやっている人はいないだろうし、現代のビジネスマナーにもない。

第2章

古い看板はなぜ横書きの文字が「右から左」に書かれている？

～日本人でもわかっていない日常生活15の盲点

17 エスカレーターで「関東は右側」「関西は左側」を歩くのはなぜ？

日本は狭い国とは言われるが、関東圏と関西圏で文化や習慣が異なっているのが面白い。

東京と大阪を比べてみると、よく言われるのがうどんのだし。東京のうどんのだしは醤油で味付けされ、色も濃い。それに対し、大阪のうどんのだしは淡く透き通っている。

食文化だけでなく、例えば鉄道の駅名で「○○丁目」とつく場合、東京は「新宿三丁目」や「六本木一丁目」と奇数の駅名が多いのに、大阪は「谷町四丁目」や「蒲生四丁目」のように偶数が多い。

鉄道で言えば駅のエスカレーターでも、東京では急ぐ人のために右側を空けるのに、大阪では左側を空ける。反対なのだ。出張から帰ってきて、「あれ、どっち側に寄るんだったっけ？」と混乱した経験がある人もいるのでは。

なぜそのようになったのか？ 日本のエスカレーターの歴史を紐解いていくとわか

英語でどう答える？②

「なぜ関東と関西でエスカレーターの歩く側が違うの？」

と聞かれたら…

関西は左
関東は右
why?
This is said to be due to introduction of the English system in the Kansai region, compared to following the “fast lane rule” observed on Japanese highways when riding elevators in the Kanto area.
（関西ではイギリス式を導入したため、関東では車の通行ルールにならったためと言われています）

りそうだ。日本で初めてエスカレーターが登場したのは100年以上前の1914年（大正3年）。東京・日本橋の三越呉服店（現在の日本橋三越本店）に設置された。

一方、日本でエスカレーターの片側空けが始まったのは、1967年とされている。阪急電鉄の梅田駅に長いエスカレーターが設置され、急ぐ人のために英国式の「左空け」をするように呼び掛けたのが最初だという。

1970年の大阪万博での「動く歩道」でも、諸外国のお客様に失礼にならないようにと、英国式の「左空け」が導入されている。日本では大阪が「片側空け」＝「左空け」のルーツといえる。

それではなぜ、東京は大阪と反対に右側を空けるようになったのか。

諸説あるが、車の左側通行（追い越し車線が右側）にならったのではという説が有力だ。

ちなみに東京で片側空け（右空け）が本格的に広まったのは、意外に最近で1989年頃からとされている。地下鉄千代田線の新御茶ノ水駅に長いエスカレーターが設置された際に右側空けがマナーとして定着し始めたのがきっかけという。

18 お寺などの古い看板はなぜ横書きの文字が「右から左」に書かれている？

上から読んでも下から読んでも同じに聞こえるのが「しんぶんし（新聞紙）」や「たけやぶやけた（竹やぶ焼けた）」のような回文。これらは、ひらがなで書いたり、声に出して読んだりするから面白さがわかる。回文だからといって新聞紙を「紙聞新」と書いたら意味は通じない。同じように、右から左に横書きで「新聞紙」と書いても読みづらいものがある。

ところが、〝横書き〟にもかかわらず右から左へと逆順で書かれているものもある。お寺や神社の表札、正式には扁額《へんがく》だ。通常なら左から「〇〇寺」と書かれるところを「寺〇〇」と書かれている。右横書きにしている理由はなんだろうか？

それは、昔の日本では縦書きでも横書きでも、右から左へと書いていくのが普通だったからである。漢字は、右から左へと読み進めることを前提に文字の形が作られている。

一つの字を書き終えた後は下に進むか、左（もしくは左上）に進むかに決められている。だから、昔は右から左へと書いたのだ。

ただし、扁額が右から左なのには、他の説もある。「1行1文字のマス」に縦書きしたから右から左に流れたのだというのだ。この説によると、横書きではなく、縦書きのルールで書かれた結果が右横書きに見えているということになる。

いずれにせよ、昔は右から左に書かれていた日本語が、なぜ、左から右になってしまったのか。それは、江戸時代後期に蘭学など欧米の学問や文化が日本に入ってきたことによる。

1788年にオランダの文化や学問を紹介した「蘭学階梯」が刊行され、その中で左横書きのオランダ語が紹介されている。1885年に作成された外国語の辞書では、まだ「日本語は縦書き、外国語は横書き」で表記され、辞書を90°回転させないと読めないという不便さがあったという。

横書き文化は、その後、日本に浸透し、第二次世界大戦前には随所で、日本語でも左横書きの文書ができていたという。

ちなみに、新聞が見出しで左横書きを採用したのは、終戦直後の1946年1月1日付の当時の読売報知新聞が最初という。裁判所では長い間、縦書き文書だったが２００１年１月１日から、左横書きが用いられている。

日本語で左横書きが浸透したのは、欧米の文化が入ってきたことがきっかけだが、お寺や神社は、それ以前からある。だから扁額は右横書きなのだ。

19 日本に鈴木さんや田中さんが多いのはどうして？

ラグビー・ワールドカップで一躍有名になった五郎丸歩選手。そのプレーだけでなく、名前も注目されたので、スポーツに興味がなかった人も覚えているのではないだろうか。最近のテレビでも「能年《のうねん》」「水卜《みうら》」「本仮屋《もとかりや》」「剛力《ごうりき》」など、珍しい名字（苗字）が目立つようになってきている。

その一方で、圧倒的に多いのが「佐藤」「鈴木」「高橋」「田中」だ。それはなぜだろうか。

江戸時代まで名字を許されていたのは武士や貴族に限られていた。商人や庄屋には名字を名乗るものもいたが、特別な功労をあげた人物などの例外はあるものの、公式には認められていなかった。「苗字帯刀」は武士の特権だったのである。

ところが明治になって3年目の1870年に、「平民苗字許可令」が出され、誰もが名字を持てるようになった。だが、名字を使おうとしない人がいたために、1875年には「平民苗字必称義務令」が発布され、必ず名字を持つことが義務付けられた。

商人や農民の中には、公式ではないものの、私的に名字を使っていた人もいた。彼らはその名字を届けただろう。しかし、名字を持たなかったものは、新たにつけることになった。日本は圧倒的に農民の比率が高かったので、稲作に関連を持つ名字がつけられるケースが多かったようだ。

例えば、「田中」は「田んぼ」が由来とされている。同様に「上田」「山田」「中田」など、田のつく名字はこのパターンだ。鈴木は、収穫した稲を干すときに、一本の棒を立ててそこに積み重ねていったが、その棒を「鈴木」と読んだことから来ている。

なお「佐藤」「加藤」「伊藤」など「藤」のつく名字は、平安時代に活躍した貴族、藤原氏に関連するものとされている。

20 ある年齢以上の女性に「○○子」という名前が多いワケは？

かつての日本人は、一生の間に何度も名前を変えていた。徳川家康は、幼名が「竹千代」、元服（成人）して「元信」、その後「元康」「家康」と変えている。

ところが現在では、生まれたときに親がつけた名前を原則、一生使う。だから親は子どもの名前に頭を悩める。

いまでこそキラキラネームと言われるが、明治の文豪、森鴎外はすでに自分の子どもたちに、茉莉《まり》、杏奴《あんぬ》、不律《ふりつ》、類《るい》という、当時の日本人としては極めて珍しい名前をつけていた。将来、日本人が海外と交流することを見越して、欧米人にも呼びやすいようにしたという。

ところが、明治から昭和にかけては、ある名前が広くつけられた。「和子」「幸子」など、「子」がつく女性の名前だ。

１９２０年から１９５７年あたりまで、女性の名前の1位から10位までを「○○子」が独占していたほどである。１９７０年代まで女性の名前といえば「子」がつくのが当たり前だった。なぜだろう？

じつは、「○○子」がそれほどまでに多かったのは、長い歴史の中でも、その時期だけ。それどころか、そもそも「子」がつくのは男性の名前だった。日本史に登場する飛鳥時代の「蘇我馬子」も「小野妹子」も男性だ。

もともとは、中国の「孔子」「老子」など、偉大な思想家の名前に先生を意味する「子」がつけられていたからだ。

その後、高貴な女性にも「子」がつけられるようになる。源氏物語を書いた紫式部が仕えたのは「彰子」だし、「平家物語」に登場する平清盛の娘は「徳子」だ。

そのため、長い間、日本には「○子」は、一般庶民が簡単に使っていい名前ではないと考えられていたのだ。明治時代も後半になると、その意識が弱まってきて、それにあわせて、多くの親たちが自分の娘にも高貴な名前をと「子」をつけだしたのだ。

現在では、女の子の名前に「○子」とつけるのは古くさいイメージだが、「しわしわネーム」として再評価されている。

21 アメリカはサブウェイ、イギリスはチューブ、東京ではなぜ「メトロ」？

普段の暮らしの中で何気なく使っている言葉が、じつは外来語と聞いて驚くことがある。

例えば、外国人に人気の日本料理の定番、「天ぷら」。もともとは、ポルトガル語で「調理」を意味する「tempero」や、肉や魚を使わないポルトガルの精進料理を意味する「templo」が語源とする説がある。

また、英語だと思い込んでいたら、じつは他の国の言葉だったということもある。ホテルの「コンシェルジュ」はもともとフランス語の「アパートの管理人」、アルバイトもドイツ語で、英語では「part time job＝パートタイムジョブ」だ。

東京の地下鉄もその一つ。地下鉄のことをアメリカでは「Subway＝サブウェイ」と言うし、イギリスでは「Tube＝チューブ」と呼ぶ。ところが東京では「メトロ」だ。日本を訪れた外国人観光客に、地下鉄のことを英語で説明しようと思ったら、メトロで大丈夫なのだろうか。

結論から言うと、「メトロ」でも、ちゃんと意味は通じるようだ。メトロとはもともと、英語の「metropolis＝メトロポリス」（首都や主要都市）や「首都の、主要都市の」という意味の「metroplitan＝メトロポリタン」の略語。

これが地下鉄を意味するようになったのは、フランス・パリの鉄道網が世界的に知られ「Chemin de Fer Métropolitain＝シュマントフェール・メトロポリタン」と呼ばれたから。短くして「メトロ」になった。

現在、ポルトガルのリスボンの地下鉄はリスボンメトロと呼ばれているし、オランダのアムステルダムの地下鉄もメトロ。タイのバンコクの地下鉄は「バンコク・メトロ」が運営しているし、フィリピン・マニラの鉄道は「マニラ・メトレール」と呼ばれている。メトロが鉄道や地下鉄を示す言葉であることは、世界各国で使われていることからもわかる。

ちなみに、東京以外の主要都市では地下鉄のことはメトロとは呼ばずに、「地下鉄」と呼ぶことのほうが多いようだ。

22 電話番号はなぜ0から始まるのか？

東京−横浜間で電話が開通したのは１８９０年12月16日。そのためこの日は「電話の日」と制定されている。当時の電話帳は冊子ではなく、１枚の紙だったという。加入者が少なく、全員を並べても1枚の紙に収まったわけだ。

その後、電話は急速に普及し、今では一家に一台どころか、一人がスマートフォンを複数所有するような時代になった。スマートフォンや携帯電話の電話帳機能で、相手を選んで電話できるので、相手の電話番号を覚えることも少なくなっただろう。

ところで、電話番号は、たいていは「０（ゼロ）」から始まっている。最初のゼロは何を示しているのか。

これは、「市外局番」と呼ばれている番号。固定電話から電話かけるときには、このゼロを押したり押さなかったりする。

固定電話は、通常「０ＸＸ−ＸＸＸ−ＸＸＸＸ」といった形式の番号になっているが、最初のゼロから始まるブロックが市外局番である。東京都内から都内への発信など、同一エリアの相手と固定電話で通話をする際は、市外局番をつけない。ゼロから始まる最初のブロックを押さないのだ。

反対に、同一エリアではない相手と通話するときには、市外局番をつける。つまり、ゼロは同じエリア内の通話なのか、エリア外の相手との通話なのかを区別するための記号なのだ。

ゼロから始まる市外局番をつけて固定電話から発信すると、電話局にある交換器が「おっ、エリア外にかける電話だな」と判断して、相手の固定電話を探してつないでいるのだ。

なお「1」からは始まる番号は、緊急性や公共性の高いサービスで、「110」が警察、「119」が消防、「177」は天気予報などと決められている。

ちなみに、PHSやスマートフォン、携帯電話の「070」「080」「090」は市外局番ではない。携帯電話やPHSであることを示している。移動可能な電話は、どこから通話するかわからないので市外局番という概念はない。

23 警察は「110」、消防が「119」になった事情って？　☆4

住所や氏名から電話番号を調べて欲しいときには「104」、電話で天気予報を聞くには「177」、正確な時刻を知りたければ「117」など、電話で簡単にさまざまな情報を得られる「電話の三桁番号サービス」がある。今では、スマートフォンの普及でめっきり利用する人は減ったのではないだろうか。スマホがあれば電話番号はネットで調べられるし、天気予報はアプリでわかる、時刻は常にスマホの画面に表示されている。

ただし、いくらスマホが普及しても、「110」と「119」の緊急番号は、ネットやアプリでの代用はできないだろう。やはり、緊急時には電話をするのが手っ取り早い。ところで、「110」は警察で、「119」は消防への通報だが、この2種類の番号は万国共通なわけではない。アメリカは警察も消防も救急も「911」だし、ロシアは2桁で警察が「02」、救急が「03」、消防が「01」だ。イギリスは、アメリカ同様に警察も救急も消防も同じだが「999」と「112」の2種類ある。

日本はなぜ、「110」と「119」なのだろうか。

じつは、もともと消防への通報は「112」だった。1926年に消防への通報は「112」と決められたのだが、当時はダイヤル式の電話だった。「1」と「2」が近いために、大慌てで電話すると間違えてしまう人が続出したという。そこで、1927年に「11」はそのままに、末尾の「2」を1からできるだけ遠い「9」に変更した。警察への通報は当初、東京や大阪など主要都市ごとに異なっていたという。それを1954年から全国共通の「110」に統一。消防の「119」と同じく「11」の次には「1」から遠い「0」が選ばれた。

なお、当初、消防への通報が「112」とされたのは、ダイヤルの時間をできるだけ短くするため。世界で「112」を警察や救急、消防への通報に採用しているのは、韓国やイタリアなどだが、同様の理由と考えられている。

24 銀行のトップをなぜ「頭取」と呼ぶの？

「倍返しだ！」の決めゼリフと共に話題になった、銀行が舞台のテレビドラマが大ヒットした。出世争い、派閥間の抗争などに振り回されながらも、主人公が頭取を目指すというストーリーだ。

頭取とは銀行のトップを指す言葉で、一般企業の社長に相当する。なぜ銀行では「社長」ではなく「頭取」と呼ばれるのだろうか。

頭取の語源は、雅楽で主に管楽器の主席演奏者を指す「音頭取り」にある。やがて、能や歌舞伎で小鼓を担当する三人のうち中央に座る主席奏者も「頭取」と呼ばれるようになった。そこから「音頭を取る人」「集団をまとめる頭《かしら》」という意味になり、歌舞伎などの劇場で楽屋を取り仕切る人や、相撲興行で力士を取りまとめる人が「頭取」と呼ばれるようになったのだ。ちなみに、「筆頭取締役」を略して、頭取と呼ぶようになったという説もある。

そういった芸能関係で使われていた言葉が、銀行で使われるようになった経緯は、1869年に明治政府によって銀行の前身である「為替会社」が設立された際に、出資者を取りまとめる代表を頭取と呼んだことが始まりとされている。それが、1872年に国立銀行条例が制定され、その中で呼び方を頭取にしていたことから、「銀行のトップ＝頭取」が定着した。

ただし、全ての銀行で代表者が頭取を名乗っているわけではない。三井住友銀行は、「頭取兼最高執行役員（代表取締役）」、東京三菱ＵＦＪ銀行は「頭取」、みずほ銀行は「取締役頭取（代表取締役）」、りそな銀行は「取締役兼代表執行役社長」だ。信用金庫では理事長としているところが多く、信託銀行の多くは社長と呼ぶ。また、インターネット専業の銀行も社長だ。

なお、「銀行の銀行」と呼ばれる日本銀行のトップは頭取でも社長でもない。ずばり「総裁」だ。

25 銀行の窓口はなぜ3時で閉まってしまうのか？

午後３時をほんの数分過ぎただけなのに、もう銀行窓口のシャッターが降りていて呆然としたことがある人も多いのでは？　銀行員はこんなに早く仕事が終わるのか、楽な仕事だと思ってしまうかもしれないが、これには理由がある。

銀行は、営業を終了した午後３時以降が忙しい。お金の「締上げ」という作業が行われる。これは、一日のうちに扱った伝票をまとめて計算し、銀行にある実際のお金と突き合わせる作業のこと。銀行ではお金が一円でも合わないと帰れないとよく聞くが、これはある意味では事実で、伝票上の金額と実際のお金が一致しないと、原因究明が完了するまで帰れないという。

この締上げ処理の他にも、現金輸送の準備、小切手や手形の処理と輸送などの業務があるため、午後3時に窓口を閉める必要があるということだ。

こういった業務上の必要性とは別に、法律に基づく理由もある。「銀行法施行規則」では、銀行の営業時間は午前9時から午後3時までと規定しているのだ。この規則には、営業の都合で時間を延長することができるという項目もあるが、多くの銀行で必要最小限の営業時間にしているということだ。

外国でも銀行の窓口はこんなに早く閉まるのだろうか。アメリカやカナダでは、日本と同じ午前9時から午後3時までが多いようだが、イギリスやフランスは午後4時半、オーストラリアは午後4時、中国の北京は午後5時まで開いているようだ。海外では土日も営業している銀行もある。

だが、日本でも最近は機械化がさらに進んでおり、締上げ処理に必要な時間は短縮化される傾向にある。そのため午後4時や午後5時まで営業している銀行もあるほか、首都圏の店舗に限り午後7時まで営業しているなど、店舗によって異なる場合もある。

26 日本のパトカーが白と黒になった理由は？ ☆5

クリスマスのイメージカラーといえば赤と緑。サンタクロースの赤い服とヒイラギの木の緑から、プレゼントのラッピングには赤と緑の色合いをうまく織り交ぜるのが定番だ。

それでは、白と黒で連想するものは？ パンダという人も多いかもしれないが、日本人なら警察のパトロールカーを思い浮かべるかもしれない。車体の上半分が白で下半分が黒というツートンカラーのパトカーは、どうやら日本独特らしい。イギリスでは、ブルーとイエローの配色だったり、イタリアではブルー一色のパトカーが走っていたり。中東のドバイには、白とグリーンの鮮やかなランボルギーニのパトカーが導入され話題になった。海外のパトカーはカラフルなようだ。

それでは、日本のパトカーは、なぜ白と黒になったのだろうか。日本に初めてパトカーが登場したのは1949年。アメリカ軍からオープンカーを譲り受け、アメリカのパトカーと同じように白と黒に塗り分けたのが第1号だ。その理由は、当時、道路を走っている一般車のほとんどが白だったことから、一般車と明確に区別するため。1955年に全国の警察で白と黒のツートンカラーに統一されたという。

警察庁ではパトカーについて、車体を白黒に塗って赤色灯と拡声器を備え、都道府県名を表示するという指針を設けているが、細かい規定はない。そのため、各都道府県の県警によってデザインが微妙に違う。例えば、青森県警のパトカーには白鳥のイラストが描かれている。東京の警視庁は、2007年に、外国人でも警察車両であることを判別できるように、英語の「POLICE」を車体に表記するように変更した。

ちなみに、パトカーのような白と黒のデザインにしている一般車両はほとんど見かけないが、こうした配色にしてはいけないと法律で禁止されているわけではないようだ。タクシーの指導車両や地域の防犯パトロール、警備会社などで、似たデザインの車両が採用されているケースがある。

27 緑色なのになぜ「青信号」？

緑色の野菜を「青菜」と呼ぶ場合があるが、緑なのになんで「青」と思ったことはないだろうか。緑色のリンゴも「青リンゴ」だし、何と言っても不思議なのが青信号。どう見ても緑色なのに「青」なんて。法律上の呼び名も「青信号」なのだ。

1930年に東京・日比谷交差点に初めて設置された交通信号機は、アメリカから輸入されたもので、赤・緑・黄の三色だった。法律上も当時は「緑色」としていた。それが徐々に「青信号」と呼ばれるようになったのには、いくつかの理由がある。

一つは、もともと日本語の「青」が示す色の範囲が広く、青や緑、黒といった寒色全体を指す色だったことがある。青菜や青リンゴのように緑色でも「青」と呼ぶのはこのためだ。

ちなみに「緑」とはもともとは色の名前ではなく、新芽や若い枝を示す名詞であり、「若々しい」や「みずみずしい」という意味合いの形容詞だった。「山の緑が芽吹く」といった表現からもわかるだろう。その色を昔は「青」と呼んでいたのだ。

また、信号機が導入された当初から、新聞などでは「青信号」と表現していて、それが広まったとも考えられている。こうして、青信号という呼び方が一般的になったことから、1947年に法律上の呼び方も「青信号」に変えたという経緯がある。

さて、この青信号だが、実際の色は何色なのだろう。警察庁によると、青と緑の間で緑寄りの色とされ、色の名前はない。「青みのかかった緑」という表現が一番近いだろう。外国ではもっと緑に近い色が採用されているが、赤と緑を判別しにくい色弱者への配慮から、日本では青に近い色が使われているという。

ちなみに、世界で最初の信号は赤と白の二色だった。今から160年ほど前、イギリスの鉄道会社が赤を危険のサイン、白を安全のサインとして採用したのが始まりという。しかし、白では街灯と紛らわしいということで緑に変えられたのだ。

28 「こんにちは」って、そもそもどういう意味？

誰かとばったり出会ったときに、名前を思い出せずにバツの悪い思いをしたことはあるだろう。そんなときに便利なのが、挨拶である。とりあえず、挨拶の言葉を口にして、「また、今度、ゆっくり話でも」などと言っておけばその場は切り抜けられる。

ところで、この挨拶という言葉の由来は仏教用語ということをご存知だろうか。互いが質問し合う禅宗の修行を挨拶と呼んだ。それがいつの間にか、日常の生活の中で出会ったときに交わす言葉として転用されたのだ。

さて、日本での挨拶の定番といえば、朝なら「おはよう」、昼なら「こんにちは」、夜になると「こんばんは」。そして別れるときには「さようなら」だ。この「こんにちは」とは、どんな意味なのだろう。

「こんにちは」とは、「今日は、いい天気ですね」といった言葉の「今日は」だけが残り、挨拶として定着したものだ。ちなみに「今日」は「きょう」ではなく、昔は「こんにち」と言うのが一般的。室町時代の狂言の台本にも「こんにちは(当時の発音だと、コンニッタ)」と書いてあるという。よく「こんにちは」か「こんにちわ」か、どちらを書くのが正しいのかと迷う人もいるが、「こんにちは」が正しい。「こんばんは」も、同じで「今晩は、いい夜でございます」といった語りかけの言葉の冒頭の「こんばんは」だけが残り、挨拶として定着した。

朝の挨拶「おはよう」は、「早く」を丁寧に言う「お早く」から来ている。「お早うございます」とは、朝早い時間帯に出会った人に「お早く（お早う）ございます」などという呼びかけの言葉だったのだ。

それでは、別れるときの「さようなら」は？　これは「左様ならば、本日はこれにてお暇《いとま》いたします」の冒頭である。現在でも、「それじゃあ」などと言って別れることがあるが、語源としては同じわけだ。

29 日本語にはなぜ漢字、ひらがな、カタカナが混在しているの？

街中の蕎麦屋の看板をよく見ると「きそむ」と書いてあるように見える。しかも、「む」と見える文字には濁音を示す点々がついているのでは…？　同じように鰻屋の看板には「うふぎ」と見えるが、じつは昔のひらがなで「うなぎ」と書いてある。この「む」や「ふ」に見えてしまう文字は、実は今は使われなくなった昔のひらがなだ。

ひらがなは、平安時代に漢字の音だけを示す文字として生まれた。和歌を詠むのに万葉仮名が生まれたのがルーツだ。漢字の意味は無視して「夜露死苦」と書いて「よろしく」と読ませるようなものである。この万葉仮名が発展したのがひらがなだ。だから、日本には漢字とひらがながあるのだ。

ひらがなが生まれてからというもの、いろいろな漢字からいろいろなひらがなが生まれた。昔は何百種類ものひらがながあったとされている。同じ「あ」でも、漢字の「阿」から作ったひらがなもあれば、「安」から作ったのもあった。ひらがなが一音につき一文字と決められたのは、1900年（明治33年）のこと。以降、蕎麦屋の「む」と読めたり、鰻屋の「ふ」と見えるひらがなも一般には姿を消した。

一方、カタカナの誕生も同じく平安時代だ。日本に入ってきた外国文化を表現するために生まれたと思っている人もいるかもしれないが、そうではない。昔、お寺で修行していた僧が、お経を読みやすくするために漢字の横に読み方などをメモ的に書いたのが始まり。そのときに、漢字の一部を使った簡単な文字を考案し、それを使ってメモ書きしていた。それがカタカナとして広まった。つまり、ひらがなもカタカナも漢字から生まれた。ひらがなは漢字の音を、カタカナは漢字の一部を文字にしたのだ。

なお、ひらがなやカタカナが平安時代に生まれて以降、長い間、ひらがなは女性が使う文字、男性は漢字かカタカナを使うとされ、カタカナのほうが公的な文字とされていた。昔の教科書や法的文書がカタカナで記されていたのはこのためだ。

30 「宮内庁御用達」って勝手に名乗れるってホント？

世界中の人たちに親しまれているコカ・コーラの本社はアメリカのアトランタにある。世界的なラム酒メーカーのバカルディは、キューバが発祥で現在の本社はバミューダ諸島のハミルトン。ラムベースのカクテルであるバカルディ モヒートが人気だ。コカ・コーラとバカルディの意外な共通点、それは、両社ともに「イギリス王室御用達」なのだ。

王室御用達という言葉から、高級スーツやドレス、ジュエリー、紅茶などを思い浮かべるかもしれないが、王室で働く人の作業着から庭園の芝刈り機、王室で使用する車のエンジンオイルなど、身のまわりの品々から宝飾品まで世界中から選りすぐりの約８００品が王室御用達として認可されている。

この「御用達」という表記、日本にもある。「宮内庁御用達」あるいは「皇室御用達」と書かれているのを見たことがあるだろう。皇室や宮内庁に品物を納めるのだから、厳しい審査を経て御用達を名乗る許可を得ているに違いないと、商品の質や価値に信頼を寄せてしまう人も多いはず。

ところが、この宮内庁御用達、とうの昔に廃止されているのだ。この制度が始まったのは１８９１年。当時の宮内省による厳しい審査をクリアした事業者には、「宮内省御用達」の商標と皇居への通行証が与えられた。その後、宮内庁となった１９５４年に御用達制度は廃止されてしまう。

今から60年以上も前に廃止されたのに、現在でも宮内庁御用達の看板を出している店舗はある。その多くは、制度があった時代から宮内庁に納入していた実績のある業者や皇族に品物を献上している業者だ。その意味では優れた品質に違いはないだろう。

ただし、問題なのは宮内庁と取引がないにもかかわらず、「宮内庁御用達」を勝手に名乗る業者もいること。しかも法的には問題がないというから驚きだ。景品表示法は消費者に誤解を与える大げさな表示や嘘の表示を禁じているが、それは商品の品質に関すること。「宮内庁御用達」は、宮内庁との取引の有無を表すもので、品質とは無関係。偽っても景品表示法では違法にならないというのだ。

31 大きさの例でよく使われる「東京ドーム○個分」。実際どれくらい？ ☆6

キティちゃんの身長はリンゴ5個分。これなら想像するのは簡単だが、東京ディズニーランドは東京ドーム11個分、と聞いてもピンとこないかもしれない。大きさや広さを強調したい場合に「東京ドーム○個分」という表現はよく使われ、面積や体積を表す単位としてすっかり定着した感もあるが、東京ドームへ行ったことがない人には実際の広さや大きさはよくわからず、漠然と想像するしかない。

東京ドームの大きさである内容積は124万立方メートル。建築部分も含む総面積は4万6755平方メートルで、遊園地のサンリオピューロランドと同じくらい。グラウンド面積は1万3000平方メートルだ。

一方、大阪など関西圏でよく引き合いに出されるのは梅田にある大阪マルビル。こちらは内容積が16万2000立方メートルと、東京ドームの7分の1以下だ。甲子園球場は、観客席まで含めた広さが3万9600平方メートルで、グラウンド面積は1万4700平方メートルという具合だ。

こうして数字を並べてみても、やっぱりピンとこないという人もいるかもしれない。そこで、家庭の風呂で考えてみる。一般的な浴槽を200リットルとすると、0・2立方メートルになる。東京ドームが124万立方メートルなので、なんと620万個もの浴槽が東京ドームには入ることになる。家庭で浴槽にお湯をためるのに、だいたい10分かかるとしたら、東京ドーム一杯に水をためるのに6200万分＝約103万時間かかる。これを日数に換算すると、約4万3000日。約117年だ。

東京ドームがどれくらい広いのか？　外国人に聞かれたらこう教えてあげよう「あなたの宿泊しているホテルにはバスタブがあるでしょう。そこにお湯をためるのと同じように東京ドームにお湯をためていくと、満杯になるまで100年以上もかかるんだ」と。

第3章

芸者さんはどうして「不自然なまでに白塗り」しているの？

～日本人なら知っておきたい日本文化11の発見

32 茶道の作法、なぜお茶を飲むときに茶碗を回すのか？

中国料理で、円卓と回るテーブルでの食事となったらテーブルの回し方に要注意だ。テーブルの他の人が料理を取り分けていないことを確認した上で、テーブルは時計回りに回すように。目当ての料理が目の前を通過してしまったからといって、「逆回転」はマナー違反だ。

食事やお茶には国ごとに独特の作法がある。エジプトでは、塩などの調味料を料理にかけることは、料理をもてなしてくれた人に対する侮辱としてとられ、マナー違反とされている。国が変われば作法も変わるのだ。

日本でも独特の作法でいただくものがある。なかでも、複雑な作法にのっとっているのが茶道だ。

主人からお茶が出されたら、出された客はまずは一礼し、茶碗を手に取り回す。回す方向も決まっていて、時計の針と同じ方向に2度回す。しかも、飲んだ後にも、今度は時計の針とは反対方向に2度回す。つまり、茶碗を受け取ったら、「2度回し英語でどう答える？③

「なぜわざわざ茶碗を回すの？」と聞かれたら…

Rotating tea ceremony teacups is done to keep from touching and staining the front of the cup —the prettiest part.
(茶碗を回すのは、もっとも美しい正面部分を汚さないためです)

て2度戻す」のだ。

どうして、茶碗を回すような作法となったのだろうか。

これは、茶碗には「正面」があるからだ。一般的に、茶碗の中で模様や絵柄、色、形などの見た目が最も綺麗なところが正面とされ、主人はお客をもてなすために、その正面をお客に向けてお茶を出す。

お客は、そのまま、手に取り口を付けてしまうと、茶碗の最も美しい正面に口を付けてしまうことになるため、それを避けるために2度回す。2度回して、ちょうど正面が反対を向くようにする頃合いをつかんでおくのも大切な作法だ。

そして、飲み終えたあとには、人差し指と親指で口を付けたところをそっとぬぐい、今度は時計の針と反対方向に2度回し、茶碗を畳の上に置く。茶碗の最も美しいところを汚さないという謙虚な気持ちが、この作法には込められているのだ。

33 歌舞伎役者への掛け声、なんで「○○屋!」って呼ぶの?

日本の伝統芸能といえば、歌舞伎。最近は若い女性にも人気で、2013年にリニューアルした歌舞伎座は、銀座の観光名所にもなっている。

とはいえ、独特の台詞回しや約束事があったり、登場人物がよくわからなかったりと、初心者にとって敷居が高いのも事実だ。しかし最近はイヤホンガイドや字幕ガイドを貸し出すなど、初心者でも楽しめるような配慮がされているというが。

さて、歌舞伎の公演を実際に観たことがなくても、見せ場で客席から役者に向けて「○○屋！」と威勢のいい掛け声が飛んでくるのはご存知だろう。有名どころを挙げると、市川團十郎は「成田屋」、尾上菊五郎は「音羽屋」、中村歌右衛門は「成駒屋」など。ここで、疑問に思わないだろうか。なぜ市川團十郎なのに成田屋なのと。

これは「屋号」と呼ばれるもので、武士以外は名字を名乗ることが許されなかった江戸時代、商人や農家が取り引きをする際に使っていた、家ごとに付けた名称だ。歌舞伎役者の屋号もこれにならったもの。

江戸時代、それまで身分の低かった役者の地位が認められ、表通りに住居を構えることが許された。ただし、表通りは商家の多い商店街だったことから、役者たちも商いを始める必要があった。

そこで化粧品や小間物屋、薬屋などを営み、店に名前を付けたのだ。これが屋号となり、現在まで受け継がれているというわけだ。

歌舞伎の屋号は、市川宗家の成田屋が最初だと言われている。初代市川團十郎の父親は成田山新勝寺とゆかりがあったこと、また初代團十郎が1695年に上演した「成田不動明王山」が大当たりしたことなどが、成田屋の由来とされており、これに関しては副業とはあまり関係ない。

ちなみに、「○○屋!」の掛け声のことを「大向こう」という。劇場の後方にいる男性ならば誰がやってもいいが、観劇の邪魔をしないタイミングで掛けるなど不文律もあるため、初心者はそこらへんをわきまえてからにしよう。

34 二枚目はイケメン、三枚目はお笑い。では、一枚目は?

「イケメン」とはルックスのいい男子のこと。つい最近の言葉と思いきや、1999年に当時のギャル系雑誌で「イケてるメンズ」という言葉を使ったのが最初という。

イケメンですら15年以上も前からの言葉となると、同義語のハンサムや美男子などは、すでに死語かもしれない。江戸時代から使われてきた「二枚目」という言葉を聞いて、ピンと来る人は少ないかも。

日本では、古くから色男のことを「二枚目」と呼んだ。なぜ、二枚目と呼ぶのだろうか。枚数で数えるのはどうしてなのか。

理由は、歌舞伎役者の看板の並び順に由来している。芝居が始まると劇場の入口に、出演する役者の看板が並べられる。この並び順が重要なのだ。

人気はあるが主役とは限らない役者、芝居の中で、色恋をうまく演じる色男役者の看板が2番目に並べられたのだ。だから、彼らを「二枚目」と呼んだ。

3番目に並ぶのが、物語を賑やかに盛り上げる道化役。芝居は、かっこいい役者だけでは成り立たない。ストーリーに緩急をつけるためにも、笑いも必要だ。芝居の上では道化役も極めて重要な役回りだ。だから、順番の若い「三枚目」に道化役が並んだ。

それでは、色男や道化役よりも、先に並べられる「一枚目」は、誰なのだろうか。当然、物語を作る上でもっとも重要な主役が最初に来る。ちなみに看板は8枚並べられ、最後の8番目には、一座の座長が並べられる。

テレビやインターネットもない時代。劇場前に並べられる看板は、極めて重要な宣伝材料だった。演目と看板の並び順で、どの役を誰が演じるかが、観客にはある程度想像がついたのである。

35 芸者さんはなぜ「不自然なまでに白塗り」しているの？

過激なロック系音楽のヘビーメタルのバンドで一世を風靡したのは「KISS」。顔を白塗りしてその上に禍々しい化粧を施したルックスは強烈なインパクトだった。

この手の白と黒を基調にした化粧は「コープスペイント」と呼ばれ、悪魔などを想起させる演出である。1960年代に生まれたヘビーメタルは1970年代に「ジューダスプリースト」や「ヴァンヘイレン」、「アイアンメイデン」などにより世界的に広まった。

だが、日本には、それよりもはるか以前から「白塗り」の派手な化粧があった。

歌舞伎役者や芸妓《げいぎ》、舞妓《まいこ》の化粧だ。歌舞伎役者は、顔を白く塗り、その上に役柄英語でどう答える？④

「なぜ芸者さんは白塗りしているの？」と聞かれたら…

That practice is said to date from the days before electricity, to make the faces of geisha look pretty even in the dark.
(電気がない時代、暗い中でも顔がきれいに見えるためと言われています)
!

に応じた模様を描いていく。そして顔の模様で、善玉か悪役か、色男かどうかなどがわかるようになっている。この化粧を「隈取《くまどり》」と呼ぶ。始めたのは、初代市川團十郎だといわれている。

歌舞伎役者だけではなく、芸妓や舞妓も顔を白く塗っている。なぜだろうか。

その理由は、一説によると照明と関係があるといわれている。江戸時代には、電気は通っていないため、明かりはろうそくだけである。

だが、ろうそくが発する光量は決して強くはない。そこで、暗い中でも顔が綺麗に映え、白く見えるように、そして表情の陰影がしっかり伝わるように、白塗りをしたというのである。

ちなみに、芸妓、舞妓は、日本でも京都独特の呼び方だ。芸妓は一般的には芸者と呼ばれ、舞妓は芸妓になるための最初のステップで、京都にしかいない。

なお、電気が作る明かりは一定だが、ろうそくの明かりは常に揺らめいている。そのことから、人の心を和ませる効果があるともされている。揺らめく明かりの中でリラックスしながら、白塗りの芸妓と宴を楽しむのは、なかなか乙なことだろう。

36 将棋の「歩」の裏はなぜ「と」なのか？

古代ギリシャの哲学者アリストテレスは、「幸運に恵まれた愚か者」という言葉を残している。これは、知性や教養もないのに急に莫大な金銭や財産を手に入れた人のことで、英語では「ニューリッチ」などと呼ばれることもある。日本語では、いわゆる「成金《なりきん》」である。

この成金という言葉は、将棋に由来している。

将棋では、王将と金将以外の駒、つまり「歩兵」「香車」「桂馬」「銀将」を敵陣に進入させるときに、その駒を裏返して金将と同じ働きをする駒にできる。これを「金に成る」と言い、そこから転じて「成金」という言葉が生まれたとされている。

それぞれの駒の裏側には、晴れて金将と同じ働きができるようになったことを示す文字が書かれているが、なぜか「歩兵（略して歩）」の裏側には、「金」ではなく「と」と読めるような字が書かれているのだ。他の駒はちゃんと「金」と書かれているのに。

そのため歩が成ったものを「と金」と呼ぶが、なぜ「歩」の裏だけが金ではなく「と」

に似た字なのだろう。

実は、昔は「歩」の裏にもちゃんと「金」と書かれていたのだ。しかし「歩」は駒の数が多いので、いちいち書くのが面倒になったのか、崩して書かれるようになり、ひらがなの「と」に似た文字になってしまったという説がある。

ここで大切なことは、あくまでも「と」に似た字であって、『と』と書かれているのではない」ということ。

字を崩して書いたという説が多く、「金」と同じく「きん」と読む「今」を崩して書いていたら、「と」に似た字になったという説もある。

一方で、いや「と」と書いてあるという説もある。「歩」は「止」を上下に二つ組み合わせた字だから、「止」の略字である「と」を書いたというのだ。

最近の市販の将棋セットでは、駒のサイズが小さいこともあって、歩の裏にはカタカナの「ト」が書いてあることも。「と」ではなく、略字が「と」に見えているという説を考えると、カタカナの「ト」と書くのは意味が違うといえそうだ。

37 相撲はどうしてほとんど裸で戦うの？

古代のオリンピックでは、出場選手は全裸で競技をしていたという。当時の競技は、短距離走、中距離走、レスリング、円盤投げなどであった。選手が不正を行わない証として、全裸で競技に出場していたといわれている。

今でも身にまとうのは「まわし」だけという、裸に近い格好で行う競技が日本の相撲である。

その理由は、相撲が神様へ感謝の気持ちを捧げる神事だからとされている。それは、日本各地のお祭りの際に、神様に捧げる奉納相撲が開催されていることからもわかるだろう。まわし以外を身に着けていない理由は、神様に対して、不正なことをしていないということの証だというのだ。

もともと相撲の起源は、古事記の「出雲の国譲り」の伝説とされている。現在では相撲の神様とされている建御雷之男神（タケミカヅチ）が、出雲を治めていた大国主に、国を譲るように迫る。そして建御名方神（タケミナカタ）との戦いに勝ち、出雲を譲り受け、日本の礎が築かれていったという。

一方、海外にも日本の相撲と同じように、身にまとうものを減らし、裸に近い恰好で競い合う格闘技は多い。トルコのオイルレスリングで知られるヤールギュレシュやモンゴル相撲とも呼ばれているブフなどだ。これらの競技では、「武器を持っていないことを相手に示す」ことを主な理由として、裸に近い恰好で競い合うようになったとされている。

なお、相撲は日本の国技と思っている人が多いが、日本の法律で国技を定めたものはない。相撲を催す施設に「国技館」という名前をつけたところから、相撲が国技であるという認識が広まったのである。

38 力士のまわし、引退するまで一度も洗濯しないってホント?

お相撲さんの特徴は? と言われてすぐに思い浮かぶのは、「大銀杏」と呼ばれる「まげ」と、「まわし」だ。まわしは、身体と身体のぶつかり合いである相撲で使われる唯一の道具であり、ユニフォームでもある。腹部や腰まわりを保護する役割もあると同時に、相手方のまわしを掴むことでさらに力を出し、さまざまな技を繰り出すことができるのだ。

このまわしだが、力士の汗を吸い込んだり土俵の砂が付着したりと激しく汚れてしまうものだが、基本的に引退するまで一度も洗濯しない。本場所用のまわしは博多織や西陣織の高級織物なので、洗濯すると生地が弱く脆くなってしまい、身体を保護する機能を十分に発揮できないからだ。

それとは別に、験担ぎで洗わないという意味合いもあるようだ。また、稽古用の安価な木綿製まわしについては、汚れたときに洗わずに廃棄して新しいものに取り替える。

もちろん、洗濯しないからといって何の手入れもせずに放置しているわけではない。使用後は泥を払って天日干しにして、染み込んだ汗などを乾かす。また、衛生面への配慮から、一部分をアルコールで消毒することはあるようだ。自分の師匠が亡くなったときだけは、例外的にまわしを洗濯してもいいとされている。

力士のまわしには、洗濯以外でも決まりごとがある。

例えば稽古まわしの色。白を使っていいのは十両以上の力士だけで、幕下以下の力士は黒と決められている。また十両以上の関取は、紺や紫系統のまわしを着用すると決められているが、実際には色とりどりのまわしが使われている。これはカラーテレビの普及による変化で、1957年（昭和32年）の十一月場所に、玉乃海太三郎が金色のまわしを締めたのが初めとされている。

ちなみに、まわしは後援者からプレゼントされる場合がほとんどで、一本70万円から100万円はするというから驚きだ。確かに高級な織物なのだろうが、洗わないと知るとちょっと複雑な気持ちになってしまいそうだ。

39 日本の伝統芸能の「能」と「狂言」の違いは何？ ☆7

誰もが見るエンターテインメントといえば、やはりテレビだ。テレビには、ドラマやバラエティ、お笑い、音楽、スポーツ、ニュースなどさまざまな番組がある。では、テレビがない時代、日本人はどんな娯楽を楽しんでいたのだろうか。代表的なものは、落語や漫才、歌舞伎や能、狂言などの舞台芸能だ。

このうち能、狂言は日本人にとってもなかなか区別がつきにくいもの。どう違うのだろうか。テレビ番組に例えると、能はシリアスドラマ、狂言はお笑い番組といえる。

能は、人間の情念、深い心理などをテーマとして扱うものだ。役者は能面で顔を覆い、その面の動きや角度によって喜怒哀楽のすべてを表現する。

一方、狂言は、人間社会のおかしさを扱う。役者が演じるのは貴族や武士、一般の庶民など、身のまわりによくいる人物たちであり、彼らがおかしな行動や言葉、動きなどで、観客を笑わせる。

能がシリアスな幽玄の世界を描くのに対し、狂言は日常的な暮らしの中にある笑いがテーマだ。これだけの違いがあるのに、この2つをしっかり区別できる人間は多くはない。

その理由は、もともとこの2つは同じ芸能だったからだ。その源流は、平安時代に生まれたと言われる猿楽である。

猿楽は、サーカスのような曲芸や手品、モノマネなど多種多様な要素を含む芸能であった。それがシリアスな要素が能に、お笑いの要素が狂言へと分かれていったのである。

しかし、芸能としては分離したものの、能と狂言は一緒に上演された。観客は、シリアスな能を見た後に狂言を見て笑い転げ、再びシリアスな能を見ていた。

ちなみに、過去の日本で能や狂言が人気を誇った要因に、鎌倉時代から室町時代にかけて盛り上がった「立ち会い能」がある。これは芸能一座がその演目を上演しあう勝負をしたのである。立ち会い能で勝ち上がれば、一座の人気は上がる。このような競い合いの上に能や狂言は進化していった。

今のテレビでも、芸人たちがお互いの芸を見せて優劣を競う「お笑いバトル」的な番組が人気だが、それは、今から700年も以前から行われていたわけだ。

40 日本生まれと言われるオセロゲームの「オセロ」って?

世界大会で日本代表が11連覇を達成! といってもサッカーの日本代表でもラグビーの日本代表でもない。日本人なら馴染みのあるボードゲームの「オセロゲーム」の話。

緑色の盤上で二人が交互に黒と白の石を置き、相手の色を挟んだら石をひっくり返して自分の色に変えられる。最終的に石の数が多い方が勝ちという、単純ながら奥が深いゲームだ。

このオセロゲーム、洋風な名称から外国生まれのゲームと思われがちだが、実は日本人の発案。戦後間もないころ、茨城県出身の長谷川五郎という学生が考案したのが始まり。

当時は碁石を使い、囲碁をよく知らない人のために、相手の石を挟んだら自分の石にできる「挟み碁」を考えた。やがて牛乳瓶のフタで片面が白、もう片面が黒の「オセロ石」を手作りしたところ、知人の間で大人気となり、それがオセロゲームの原型となった。オセロ石が直径34・5ミリで牛乳瓶のフタとほぼ同じサイズなのはこうした理由からだ。

長谷川は、このゲームを考案した際にネーミングに頭を悩めたという。

そこで、英文学者だった父親に相談すると、シェークスピアの戯曲「オセロ」の名を出してきた。黒人の将軍オセロがその妻で白人のデスデモーナの貞節を疑って殺してしまい、最後に真実を知ったオセロも自殺するという話だ。

黒人のオセロを黒い石、白人のデスデモーナを白い石に見立てると、二人の関係がめまぐるしく変化するさまは、まさにゲームそのもの。盤面を緑色にしたのも、オセロが緑の平原で勇敢に闘うイメージを表現するためという。

オセロゲームは、1973年4月29日に玩具メーカーであるツクダが発売。瞬く間に家庭に広まり、大ヒット商品となり、現在では競技人口は6000万人とされ、世界大会にもアメリカ、イタリア、オランダ、タイなどから愛好者が参加している。

ちなみに、オセロゲームは明治時代に日本に入ってきたイギリスの「リバーシ」というゲームをもとにしているという説もある。

41 大阪弁、京都弁、東北弁…狭い日本でなぜこんなに方言が多い？ ☆8

1868年に明治政府が誕生し、日本は新しい国家として生まれ変わった。富国強兵をスローガンにして軍隊も強化した。

だが、このときに意外な弱点が露呈したのである。それは言葉だ。日本各地から民衆を集めて軍隊を作ったのは良かったが、方言がわからず、上司の命令を部下が理解できなかったという話まである。

日本は、戦国時代に豊臣秀吉が天下統一を果たした。徳川幕府が日本を統治していた江戸時代にも、当然、日本は「１つの国」として成り立っていたと考えられている。

ところが、江戸時代には、交通の要所に関所が設けられ、藩と藩との間の自由な往来が認められていなかった。明治以前の日本は藩という小さな国の集まりだったとも言えるのだ。

明治維新とは、欧米の列強に対抗するため、日本国内にあった小さな国々をまとめて「ユナイテッド・ジャパン」を作ったと考えれば、小さな国が集まってできたのだから、言葉が通じないことがあっても不思議ではない。

つまり、日本に方言がいくつもある理由は、もともと藩という小さな国が、それぞれ独自の文化や風習、言葉を持っていたからと言える。

日本のように「国土の狭い国なのに」と思うかもしれない。ところが、国連に加盟している全世界約２００の国と地域のうち、日本より狭い国や地域は１３０もある。日本は決して「狭い国」ではないのだ。

ヨーロッパに目を転じれば、ドイツ、イタリア、イギリスなどは日本よりも国土が狭い。それでも、例えばイギリスならイングランド、スコットランド、ウェールズと分けられるように、それぞれの国の中に地域があり方言もある。

たしかに、日本の方言の数は多いかもしれないが、それは、戦国時代、江戸時代を通じて各藩が独自の文化をしっかりと育てていたからだろう。

42 女性の洋服は左前なのに、和服になると右前になるのはなぜ？

平安時代の貴族の女性は、「十二単《じゅうにひとえ》」という、着物を何枚も重ねて着用し、季節やTPOにあわせて、重ねる着物の色をコーディネートしていた。十二単というが、必ずしも12枚と決まっていたわけではない。

さて、和服の特徴は布を体に巻いて、帯や紐などで締めること。洋服のように前をボタンで留めることはしない。

もう一つ、洋服との違いが「前合わせ」。洋服は、男性が右前、女性が左前。右前とは、右側の布を内側に巻き、その外に左側の布を巻く着用法だ。シャツのボタンを留めることを思い浮かべると、男性ならボタンが縫い付けてある布が右側で内側に来る。洋服なら女性はその反対の左前だ。ところが、和服は男女ともに右前になる。なぜだろう？

この右前、古くは法律で決められていた。奈良時代の719年、和服は右前にして着用するように命令が出されたという記録がある。中国の習慣にならったという。当時の中国では位の高い人は、左前で衣服を着ていたため、庶民はそれと区別するために右前だったのだ。

それをまねて、日本でも「庶民は右前で服を着ろ」と命令まで出されたと考えられている。

ちなみに、洋服で男性が右前、女性が左前と反対なのは、高貴な女性は着替えの際に従者に手伝ってもらったから。高貴な女性と向かい合って着替えを手伝う従者が「着せやすい」ように左前になったという説がある。

他にも和服が右前なのは、右利きの人間が多いからという説もよく知られている。和服では布を重ねた部分がポケットとして活用できる。右手でポケットに手を伸ばせるのだ。

では、和服を左前にして着用するとどうなるのか。左前は、死人前とも言われて、縁起が悪い。死者の白装束は左前に着るからだ。

日本旅館に宿泊すると浴衣が用意されているが、これも右前に着用しなくてはいけない。

第4章

47都道府県の中でなぜ北海道だけが「道」なのか?

~言われてみれば確かに気になる地理・地名13の謎

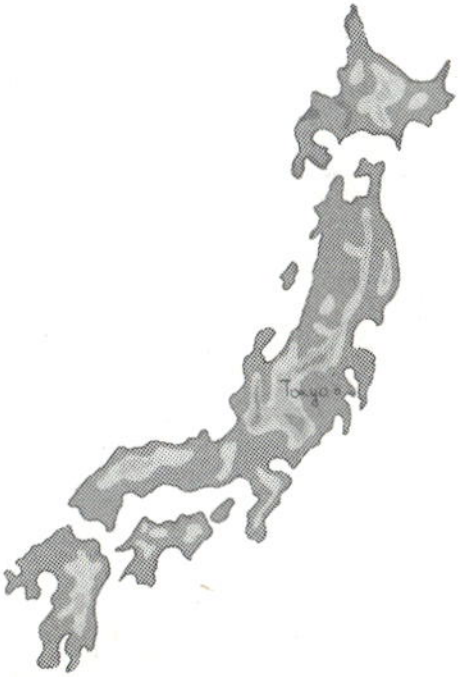

43 なぜ北海道だけ都でも府でも県でもないのか？

「出張で東京に行ってきた」「大阪に里帰りしてきた」は、日々の会話の中で何の違和感もなく聞くことができる。「東京都に行ってきた」とはあまり言わないし、「大阪府に里帰りも」なんかおかしい。ところが、北海道だけは正しく「北海道」と呼ぶ。なぜだろう。

それには、まず「北海道」という名称の由来を知る必要がある。北海道は、江戸時代には「蝦夷地」と呼ばれていたが、1869年（明治2年）に「北海道」と名称が改められた。これは五畿七道の東海道や南海道、山陰道にならった呼び方で、地域を示すもの。

つまり、北海道は都道府県名であると同時に、「北海道地方」という地域を表す名称でもあるのだ。地方名の場合、関東地方を「関東」、東北地方を「東北」と略す。もちろん、北海道地方は「北海道」だ。

ちなみに、日本の県や府を英語で表記すると「prefecture」となる。大阪府は「Osaka

prefecture」だが、北海道は「Hokkaido prefecture」で「Hokkai prefecture」とはならない。ここからも、北海道が「北海」＋「道」ではないことがわかるだろう。

北海道は１９４７年（昭和22年）の地方自治法施行により、都府県と同格になったが、地方名でもあることは前述した通り。なので「都道府県」ではなく「都北海道府県」と表現するのが正しいのかもしれない。

44 東京の環状線は「やまてせん」？それとも「やまのてせん」？

多くの人が嫌がる昆虫「ゴキブリ」、もともとは「ゴキカブリ」と呼ばれていた。昔、食器のことを「御器《ごき》」と呼び、それにまとわりつく虫だったので、「御器かぶり」と呼ばれていたのである。

ところが明治時代に作られた生物学用語集「生物學語彙」に、誤植のために「ゴキブリ」と記載されてしまった。それが定着してしまい、今では誰もが「ゴキブリ」と呼ぶようになったのだ。

このようにある一つの間違い、勘違いから、名称が変わってしまうことは意外に

である。

それが「山手線」の呼び名だ。この言葉、「やまのてせん」と読んだり、「やまてせん」と読んだり。しかし本来、正しいのは「やまのてせん」である。

「やまのて」とは、赤坂や四谷、麻布あたりの一帯を指す言葉だ。この地域は江戸城を西方向に出たところで、武士が住む地域だった。この地域で使われる言葉が、いわゆる「山の手言葉」である。

電車の山手線は、この地域をぐるりと囲むように線路が走っている環状線だ。「やまのて」という地名から名付けられた路線名であるだけに、戦前は「やまのてせん」と呼ばれていた。

しかし戦後、GHQの命令によってアルファベット表記が進められたのだが、当時の国鉄職員が「YAMATE=Loop=Line」と記載してしまったのだ。そのため「やまてせん」という読み方が定着したのである。

なぜ、そのような誤記が生まれたかといえば、国鉄内では山手線=やまのて線を「ヤマテ」と通称で呼んでいたからだ。仲間内で使っていた言葉をそのまま記載して、それが定着してしまったのである。

しかし、１９７０年代以降、本来の名前である「やまのてせん」という読み方を復活させた。その結果、再び「やまのてせん」が正式な名称として扱われるようになった。

45 銀が採れたわけでもないのになぜ銀座？

マルコポーロは日本を「黄金の国ジパング」と紹介したが、実際に日本各地に金山や銀山があり、各地から金や銀が採れたのだ。鼠小僧は、大名家の蔵から千両箱を盗んでいたが、あれの中身は金貨だったという。だが、今の日本人に「金や銀が豊富に採れた」と言っても信じる人は少ないだろう。

それもそのはず、日本に埋まっていた金や銀は、ほぼ掘り尽くされてしまったのだ。では、その金や銀はどこへ消えたのか？　外国から来ていた商人たちが、海外に持ち出してしまったのだ。日本で仕入れた金貨や銀貨を海外で高く売り、大儲けしたのだ。

ところで、現在では商業地として有名な銀座も、じつはこの銀が関係している地名だ。

といっても、この場所から銀が採れたのではない。それどころか、この地は江戸幕府ができた頃は海であった。幕府はこの一帯を埋め立てて、町人が住む街として整備したのである。

この地が銀座と呼ばれる理由は、1612年、この地に「銀座役所」が作られたことによる。銀座役所とは、貨幣である銀貨の鋳造と取引を行う場所のこと。鋳造するためには、材料となる銀地金を仕入れるわけだが、そのための商人たちの会合が「銀を扱う座」である。つまりは「銀座」。そのため、この地が銀座と呼ばれたのである。

貨幣は重要な経済基盤なので、その手の取引はこの場以外では禁止されていた。なお、銀座は、京都、大阪、長崎などにもあった。

ところで江戸時代には銀だけでなく、金も貨幣として使われていた。当然、金を扱う「金座」も存在する。これは、東京都中央区にある日本銀行本店の場所にあった。その名残が「金座通り」という道路に見られる。

46 なぜ秋葉原にはオタクショップが集中しているの？

日本のポップカルチャーは、「オタク＝OTAKU」という言葉で、世界中で人気だ。「本物のオタク文化に触れてみたい」と日本を訪れる外国人観光客も多く、「OTAKU」は今やクールジャパンの象徴でもある。

さて、オタク目当ての外国人観光客がこぞって訪れるのが、アニメ、フィギュア、ゲームなどのオタクショップが集中している秋葉原。ここは、いつからオタクの聖地になったのだろうか。

秋葉原が発展したのは、戦後間もなく、この地に電化製品の問屋とラジオの真空管などの部品を売る露天商が立ち並んだことによる。

高度成長期には「三種の神器」と呼ばれた「テレビ」「冷蔵庫」「洗濯機」が一般家庭に広がり、それらを安く買える秋葉原には人が溢れた。

１９８０年代には、電気街だけで全国の家電需要の１割をカバーしていたとも。当時の秋葉原は、休日に家族で訪れてテレビや冷蔵庫を選び、買い物の後に食事をして帰るという「ファミリーの街」だったのだ。

その後、郊外型の大型家電量販店の台頭により、秋葉原の電気街も打撃を受け、1990年頃から多くの店舗がパソコンやそのパーツの販売に注力。そうして、パソコン愛好家が秋葉原を訪れるようになるのだが、当時のパソコンマニアは、アニメやフィギュア、ゲームなども好きだった。相通じるものがあったのだ。「オタク趣味のパソコンマニア」が秋葉原に集い、その潜在的需要が静かに膨れ始めていったのだ。

そして1990年代後半に複数のオタクショップが、秋葉原に試験的に出店してみたところ、長い間くすぶっていた潜在ニーズを見事につかみ、一気にこの地でオタク文化が花開いたという。

2000年代に入りインターネット通販が普及すると、秋葉原からパソコンショップも少なくなっていく。代わりに目立つようになったのは、メイドの衣装を着て客を迎えるメイドカフェなどだ。

長い歴史の中でいくつもの変貌を遂げてきた秋葉原、変化はまだまだ続きそうだ。

47 歌舞伎が上演されない町なのにどうして歌舞伎町？　☆9

東京で歌舞伎が見られるのは、銀座にある「歌舞伎座」と「新橋演舞場」である。江戸時代でも歌舞伎の興行場所は幕府によって限定されていた。中村座、市村座、森田座、山村座のいわゆる江戸四座で、境町（現在の人形町）、葺屋町《ふきやちょう》（同じく人形町）、木挽町《こびきちょう》（同じく銀座）にこれらがあった。

ところが、東京には歌舞伎を見られないのに「歌舞伎町」という地域がある。そう東洋一の歓楽街として世界的にも知られている新宿・歌舞伎町だ。キャバクラやホストクラブ、風俗店、パチンコ屋などが軒を連ねる光景は、歌舞伎の持つあやしい世界に通じるものがないわけではないだろう。

しかし、歌舞伎町に足を運んでも歌舞伎は見られない。江戸時代にさかのぼっても、前述の通り、この一帯に歌舞伎が見られる劇場はなかった。では、なぜこの地域に「歌舞伎町」という名前がつけられたのか。

この一帯は、１９４５年の東京大空襲で焼け野原となった。しかし戦後復興計画の中で、この地域に歌舞伎を上演するための劇場建設が予定されていたのである。それが名前の由来だ。

結局、計画は頓挫したが、歌舞伎の劇場が建設される町という意味の「歌舞伎町」という地名だけが残り、現在まで使われているのだ。

その代わりに作られたのが、1956年に建設された「新宿コマ劇場」である。この劇場ではミュージカルなども上演されたが、なんと言ってもここは「演歌の殿堂」。北島三郎、氷川きよしなどの公演が開催されたが、2008年に閉館し、2011年から解体工事が始まった。2015年4月には東宝の複合インテリジェントビル「新宿東宝ビル」が完成した。

現在では、都内最大級のシネマコンプレックス「TOHOシネマズ新宿」と、東宝映画「ゴジラ」のオブジェが新しい歌舞伎町の顔となっている。

48 上野駅近くの横丁を「アメ横」と呼ぶようになった経緯は？

東京・上野といえば、桜の名所でもある上野公園、明治維新の功労者である西郷隆盛の像、パンダのいる上野動物園などで知られているが、外国人にも人気なのが、ＪＲ上野駅のすぐ近くにある「アメヤ横丁」、通称「アメ横」。

ＪＲ上野駅から御徒町駅までの線路脇の、約４００メートルの道沿いに、じつに４００以上もの店がある。単純計算で１店舗の間口は１メートル、ぎっしりと軒を連ねているのだ。

食料品から衣料、電化製品、貴金属などあらゆるものが手に入り、店員が通り客に呼びかける「だみ声」も有名。年末には正月用の買い物客で混雑を極めるのが、東京の年の瀬の風物詩ともなっているほどだ。

このアメ横、なぜ「アメ」横と呼ぶのだろう。これは「飴」と駐留米軍の「アメリカ」に由来する。

終戦直後の１９４５年頃、上野駅から御徒町駅にかけて無数のバラック店舗が立ち並んだ。いわゆる闇市だ。当時、東北地方から生活必需品を求めて東京にやってくる多くの人たちは上野駅を利用していた。上野駅周辺は闇市を訪れる人と鉄道を待つ人たちでごった返していたという。

鉄道を待つ長蛇の列の人たちに、「簡単に口に入れられる飴を売ったら儲かるのでは」と始まったのが飴売りの商売。サッカリンを使った飴菓子や芋飴が大人気となり、あっという間に300軒もの飴屋ができ、「アメ屋横丁」と呼ばれた。

その後、1950年代になると朝鮮戦争もあって、駐留米軍の放出品が大量に出回り、そこから「アメリカ横丁」とも呼ばれるようになった。

飴菓子を売っていた「アメ屋横丁」と、米軍放出品を扱う「アメリカ横丁」の「アメ」が重なって「アメヤ横丁」となり、略して「アメ横」となったのだ。

日本には、例えば京都の古風な日本らしさ、北海道に見られる日本の大自然、新宿や秋葉原のような現代的な日本というように、さまざまな顔がある。アメ横に見られる活気のある賑やかな様子も、まちがいなく日本の姿の一つである。

49 太平洋は「太」で、大西洋は「大」の理由は？

アメリカの国家元首「プレジデント」を「大統領」というが、これは幕末のペリー来訪の際に、日本で作られた言葉だ。

大統領は元首であるものの、選挙で決まった一般の民衆である。「そもそも町人の出身であるなら、天皇や将軍とは身分が違う」「それなら町人で最も偉くなった人として何と呼ぶか」という江戸幕府が苦肉の策として作った言葉とされている。

当時、町人で偉いのは大工の棟梁で、その中でも最も偉いということで「大棟梁」となり、字を「大統領」に変えたという説がある。

今でこそ、外来語は、耳で聞こえたとおりにカタカナで表記するが、昔は、外来語の意味を考えて漢字に置き換え、新たな名称として考案していたわけだ。

じつは、日本とアメリカとの間の「太平洋」と、ヨーロッパとアメリカの間の「大西洋」も同じように考案された言葉だ。どちらも大きな海だが、「太」と「大」と異なる漢字が使われている。なぜか？

大西洋を英語で書くと「Atlantic Ocean」。ギリシャ神話に出てくる神様「アトラスの海」という意味だ。

アトラスといえば、天空を支える神様だが、ギリシャ神話を知らない日本でも通用する名前にしなくてはならない。そこで、世界の中心に日本を据えると、はるか「ヨーロッパ大陸のさらに西にある大きな海」という意味の「大西洋」としたのだ。

それに対して、太平洋は、大航海時代に初めて世界一周を達成した冒険家マゼランに由来する。

命がけの大航海をしていたマゼランは、この海のおだやかさに驚き、「El Mare Pacificum（平和な海の意）」と表現した。英語では、「Pacific Ocean」。そこから生まれた翻訳語が「太平の海」としての「太平洋」だったのである。

大西洋の「大」は、「大きい」という意味であり、太平洋の「太」は、「太平」の「太」から来ている。

50 街中でよく見る「中華料理」と「中国料理」の違いは？

フィンランド、ペルー、モロッコ、これらの国の意外な共通点は何だろう。じつは「意外に」料理がおいしいと評判なのだ。

世界には今、約２００の国と地域があるが、ほとんどの国の郷土料理を日本で食べられる。しかも、最近では本格的なイタリアンやフレンチをスタンディング（ようするに立ち食い）でカジュアルにリーズナブルに楽しめるお店が人気だ。

ちなみに、本当においしい各国の郷土料理店は、その国の「大使館の近くにある」という都市伝説をご存知だろうか。大使館関係者、その家族が通いやすいことが理由らしい。

さて、街中でよく見かける外国の料理と言えば、やはり中華料理だろう。ただし、店の看板をよく見ると、「中華料理」もあれば「中国料理」もある。何が違うのか？

結論から言うと、明確な違いがあるわけではない。ただし、日本で暮らす中国人の印象では、中華料理はラーメン、チャーハン、餃子など庶民的な料理が多く、「日本独特の味付け」とのこと。中国料理は、「中国の本場の味に近い」と感じている人が多いようだ。

確かに、餃子と言えば中国では「水餃子」が一般的だし、中国の拉麺の食感は、日本で言うところのうどんに似ている。中華料理の定番である焼餃子やラーメンは、日本ならではと言えなくもない。中国が発祥でありながら、日本人の舌に合うように改良された「日本の中国料理」を中華料理と呼ぶケースが多いようだ。

一方の中国料理は、「四川」「広東」「台湾」「北京」などに分けられ、より中国の本場の味に近い。また店の雰囲気でも、中華料理店と中国料理店では違いがあるようだ。中国料理は、デパートやホテルのレストラン街にある高級レストランの雰囲気で、実際に値段も高い場合が多い。中華料理は、繁華街から地方の商店街まで幅広くあり、地元に根差した庶民の店という雰囲気だ。

51 郵便マークの「〒」って何を意味している?

世界的なイベントや大会を盛り上げようと決めたシンボルマークが「国際的に問

題あり」と判明して、慌てて取り消して変更……。そんなドタバタ劇が、そう言えば話題になったなぁと、某エンブレム騒動を思い出す人も多いのではないだろうか。

この手の騒動は過去にもあった。郵便記号の「〒」マークだ。郵便局や郵便ポストのシンボルで、封書などに郵便番号を書くときにも使われる「〒」。見慣れた記号だけれど、いったい何を表しているのか知っている人は意外に少ないのではないだろうか。カタカナの「テ」にも見えるし、漢字の「手」に似てなくもないし…。

じつは、この郵便記号、初めはアルファベットの「T」だった。

今からおよそ130年前の1887年（明治20年）。当時、郵便事業を取り仕切っていたのは逓信省と呼ばれる省庁だった。逓信省が、郵便マークを「T」にすると決めて発表したのが、1887年2月8日のこと。逓信省としては、「Teishin（逓信）」の頭文字である「T」を図案化したのだが、国際郵便では「T」は郵便料金不足を示す万国共通の記号であることが判明してしまった。

そこで慌てて、6日後の2月14日に「〒」に変更し、さらに2月19日付の官報で「Tは〒の誤りだった」という訂正文も発表している。2月8日に発表され、14日に変更され、19日に官報に訂正文が掲載された経緯の中で、「郵便マークの日」とされているのは2月8日だ。

以降、「〒」が郵便記号となったのだが、この記号を郵便マークと呼ぶ人もいるだろう。日本工業規格では、「〒」を郵便記号、郵便配達員の顔を図案化した「〠」を郵便マークとしている。

なお、「〒」は、当初予定されていた「T」の上に一本足されているが、そのアイデアは初代逓信大臣の榎本武揚が提案したとされている。ただしこれには諸説あり、逓信省をカタカナ表記にした時の頭文字「テ」をシンボル化して使用したという説もある。

当初の案の「T」についても、先述の通り逓信省をローマ字表記した場合の頭文字という説と、漢字の「丁《てい》」をもとにしているなど、諸説入り乱れているようだ。

52 日本の郵便ポスト、昔は黒かったってホント？ ☆10

メールやチャット、SNSの普及で手紙を書く機会がめっきり減った昨今。それでも、正式なお礼状や年賀状、旅先からの絵葉書などは、直筆のものを送るという人も多いだろう。

手紙を送るときにお世話になる郵便ポスト。ポストといえば「赤」が常識。ところが日本で郵便制度が始まった明治初期、ポストの色は赤ではなかった。

郵便制度が始まった１８７１年に、日本で最初のポストも誕生した。脚付の台に四角い箱をのせた木製ポストで、配達先別の郵便料金と届くまでの時間を知らせる「各地時間賃銭表」が貼り付けられていたという。東京に12カ所、京都に5カ所、大阪に8カ所、そして3都市を結ぶ東海道の宿場62カ所に設置されたという。

翌年の１８７２年には、郵便局の数も増え、それにあわせてたくさんのポストが必要になった。そこで、杉板を四角い柱のように組み合わせ、かどに鉄板を張って黒いペンキを塗った「黒塗柱箱」（黒ポスト）が作られたのだ。つまり、当初、ポストは「黒」だったのだ。

しかも、黒ポストは、その後、約30年間も使われ続けた。

それがなぜ、現在の赤に変わったのか、理由は単純。黒いと夜に見えにくいからだ。当時、夜は今よりずっと暗かった。１９０１年に火事に強い鉄製の丸型ポストに切り替えられたのと同時に、イギリスにならって暗がりでも目立つ赤色ポストを試験的に設置。評判がよかったことから、１９０８年に正式にポストの色が赤になった。

ちなみに、青いポストが存在するのをご存知だろうか。これは速達専用で、速達の前身である航空郵便専用のポストが空をイメージした青色だったことから青ポストになった。高度成長期、都心部やビジネス街を中心に設置されたが、年々減少。急速に姿を消しつつあるだけに、見つけたらラッキーな気分になれそうだ。

また、ポストの色は各国共通ではない。アメリカとロシアは青、中国は緑、フランスやドイツなどヨーロッパは黄色が主流だ。

53 日本の首都は本当に「東京」？ ☆11

玉虫という昆虫は、光がさす角度によって色が違って見える。緑っぽく見えることもあれば、紫色に見えることもある。このことから、はっきりしない曖昧なことを「玉虫色」と呼ぶようになった。

この玉虫色は、日本人の得意技でもある。日本では、議論に長い時間をかけたわりに、はっきりとした結論が出ないことがしばしばある。明確に結論を出すと、どちらかに利が生まれ、どちらかに不利が生まれることもある。それをごまかすために「玉虫色の結論」を出す。曖昧なままでも、なんとかなってしまうのが日本らしい。

ところが、この玉虫色の結論はとんでもないところでも使われていた。なんと日本には正式な首都もないし、国家元首もいない。首都は事実上、東京とされているが、じつは首都をどこに置くかを定めた法律はない。明確に首都が指定されたのは、７９４年の桓武天皇による平安京遷都が最後という解釈もある。

平安京に都があった平安時代のあとは、鎌倉幕府、足利幕府、江戸幕府と政治の中心は移り変わったものの、首都を定めずに現代まできていると考えられている。

国家元首は、アメリカなら大統領、スペインでは国王だが、日本では、天皇は「象徴」、総理大臣は「行政府の首長」と定義されている。どちらが元首かを定めてはいない。

玉虫色なのは、首都や元首だけではない。国技は相撲と思われているが、じつはそれを定めた法律もない。国花は、菊や桜と思われているが、これも定められていない。日の丸である国旗、君が代である国歌に関しては、１９９９年に施行した国旗国歌法でやっと定められたほどだ。

ただし、何もかも玉虫色なのではない。国鳥はキジ、国魚は錦鯉、国石は水晶、国蝶はオオムラサキ、国菌は麹菌である。と言いつつも、キジを国鳥に決めたのは法律ではなく、日本鳥類学会。国蝶を決めたのは日本昆虫学会、国菌を定めたのは日本醸造学会。このように、国は玉虫色で動いていても、民間は積極的にいろいろ決めて活動しているのも日本らしいと言える。

54 ほぼ一年中雪がある富士山の「初冠雪」ってどう決める？

夏の終わり頃に富士山の山頂を麓から眺めて、山頂がうっすらと雪に覆われた状態になると「初冠雪」だ。

ただ、ここでちょっと不思議に思わないだろうか。「初」とつくからには、その年の「初めての冠雪」のはずだ。ところが、富士山は一年を通じて雪に覆われている期間が長い。その年の初めの時期、つまり1月頃は当然、山頂は雪に覆われている。そのまま山頂の雪は通常、初夏まで残り、下界では猛暑日が続くような夏でも天候によっては雪が降る。標高3776メートルの地点は、7月や8月でも気温が氷点下になることがあるのだ。

ようするに、ほぼ一年中、雪があるような富士山で、どこを区切りにして、その年の「初冠雪」と呼んでいるのだろうか。

これには決まりがある。気象庁によると、その年の山頂の平均気温が最も高かった日を基準にして、それ以降の日で山頂に雪が降り、麓から見て雪に覆われた状態になった日が「初冠雪」となるのだ。

つまり、山頂における「一日の平均気温が最高となった日」がいつか決まらないことには、初冠雪も決まらない。ちなみに、これまでで最も早い初冠雪は、２００８年８月９日で、それ以前の１９１４年８月12日を94年ぶりに３日間更新した。最も遅い初冠雪は１９５６年10月26日だ。

なお、富士山ではこの「山頂の平均気温が最も高い日」は、季節の変わり目を示す重要な日と言える。この日以降に最初に降った雪を富士山では「初雪」と呼び、反対に、この日以前で最後に降った雪が「終雪《しゅうせつ》」だ。

例えば８月半ばに雪が降り、「初雪だ」と思っても、８月下旬にもっと暑い日があれば、終雪になってしまうかもしれない。富士山では、山頂の一日の平均気温が最も高い日がいつかが決まらないことには、初冠雪も初雪も終雪も確定しないのだ。

55 島国・日本、いったいいくつの島があるのか？

2013年11月20日、日本の小笠原諸島にある西之島のすぐ横の海から立ち上る噴煙を確認。数時間後には、西之島からわずか600メートルほどのところに島の姿があった。その日、島が一つ、日本に増えたのである。

ところがその後も噴火は続き、島は拡大を続け、ほどなくして元の西之島と一体化した。結局、日本の島の数はもとに戻ってしまったのだが、日本列島は、火山の動きが活発なため、今後も新たな島が生まれる可能性はある。

日本は、数多くの島から構成される国だ。大きな島は、北海道、本州、四国、九州の4つ。そしてその周辺に数えきれないほどの島が浮かんでいる。では、一体いくつの島があるのだろうか。

総務省が公表している日本統計年鑑によると、日本の島の数は「6852」。最も多いのは、本州で3194、ついで九州の2160、四国ですら626も島がある。

北海道は509、沖縄は363だ。

ただし、この数には条件があり、「海上保安庁が2万5千分の1海図を基準として、海図上の岸線0・1キロメートル以上の島」について調査したものである。つまり、岸線（海岸線）が0・1キロメートル未満の島はカウントされていないので、実際の数はそれ以上と考えられる。日本に島はいくつありますか？　そう外国人に聞かれたら、「正確にはわからない！」が正しい答えなのだ。

しかも、日本には無人島がやたらと多い。日本離島センターによると、有人島は約420で、無人島はなんと約6430もある。国勢調査をもとに算出した数字だ。

なお、日本地図で見る東京都は非常に狭いが、実は西之島を含む、小笠原諸島や日本最南端の沖ノ鳥島も東京都に含まれている。都心から沖ノ鳥島までの距離は約1700キロメートル。狭いと思われている東京都は、日本でもっとも南北に長い都道府県なのである。

第5章

「大正エビ」は明治時代には何と呼ばれていたんだろう？

～世界でブーム！日本の食にまつわる15の常識

Sake

Sencha

Japanese teishoku

56 日本人はいつから生魚を食べるようになったのか？

火を通さずに肉や魚を食べる、いわゆる「生食」という風習は世界各国にある。北極に住むイヌイットはアザラシやクジラだけではなく、トナカイやジャコウウシなどの肉も生で食べる。ビタミン不足を補うためだが、極寒の地だからこその食文化であって、他の地域には広まってはいない。

ところが、同じ生食でありながら、世界各国で食べられ始めた料理が「刺身」や「寿司」だ。

日本は海に囲まれているので、全国で鮮度のいい魚介類が手に入っていた。それで、刺身や握り寿司が広まっていくのだが、日本人が本格的にこれらを食べ始めるようになったのは、いつ頃だろうか。

それには、必需品とも言える「醤油」の歴史が大きく関わっている。

日本で今のような醤油が最初に作られたのは、現在の和歌山県湯浅町あたり。鎌倉時代の僧侶が中国から持ち帰った径山寺《きんざんじ》味噌《みそ》の製法をもとに味噌が作られ、その後、味噌からしみ出る汁がおいしいことに気づき、これが「たまり醤油」となったという。最初は関西で広く使用されていた醤油だが、それらは薄口醤油。１６００年代後半から１７００年代にかけて、関東でも濃口醤油が作られるようになったのだ。

刺身が食べられるようになったのは、関東で濃口醤油の大量生産が始まった時期と重なる。握り寿司は、さらに遅れて、江戸時代の後半になる。

生魚と相性の良い濃口醤油は江戸の食生活を大きく変えることになった。

今や大人気のマグロは、醤油の恩恵を受けた魚の代表である。マグロは腐りやすいために江戸の人から下魚と見なされていたので、塩漬けにしてから焼いて食べるというほかに、これといった食べ方もなかった。

しかし、醤油で赤身を漬け込むことで、塩を使わない保存を可能にした「ヅケ」という食べ方が登場してから、その価値が上昇したという。

57 世界中で人気の江戸前寿司。その発祥の地って？　☆12

少し前に「KY」という言葉がはやった。「あの人はKYだから」と言うと、「空気を読めないヤツ」という意味だ。空気の「K」、読めないの「Y」から来ている。

空気を読めないということは、「場違い」な言動をするということ。人との調和を大切にする日本人は、この場違いを嫌がる傾向が強いようだ。とりわけ、江戸時代の庶民は、この場違いを嫌ったとされる。

例えば、着物の布を染めるのは「紺屋町《こんやちょう》」と相場が決まっていて、そこ以外で染められた布は「場違い」と呼ばれていた。

食べ物もそうである。江戸前で取れる魚で握ったのが「江戸前寿司」で、どこか遠くから持ってきた魚を使った寿司は「場違い」とされた。「江戸前」と呼ばれるのは、江戸湾、現在の東京湾であるが、品川から葛西付近の漁場に限定されるエリアだ。転じて、このエリアで取れる魚介類を「江戸前」と呼ぶようになった。江戸の庶民にすれば、すぐ近くの海で取れる魚介類なので、間違いなく新鮮だというわけだ。

生で食べるのだから、新鮮さはとくに重視されたのだろう。

さて、江戸前の魚介類で握った江戸前寿司、その発祥の地はどこなのだろうか。

江戸前寿司は、白米であるシャリの上に魚の切り身をのせた握り寿司で、考案したのは華屋与兵衛といわれている。

彼は、それまで江戸でも食べられていた押し寿司をヒントに、その場で握ってすぐに食べられる「握り寿司」を編み出し、岡持ちを持って街の中を歩いて売って回った。繁盛すると今度は現在の墨田区両国に屋台を出して、商売を始めた。

その後、「華屋」という店を構え、「与兵衛寿司」として売り出した。これが江戸で評判となり大盛況し、他にも握り寿司を出す店が江戸中に広がったという。つまり、江戸前寿司の発祥の地は、墨田区両国とされているのだ。

この発祥の地となる華屋は、１９３０年（昭和５年）まで継続していた。現在は、その地に華屋与兵衛と与兵衛寿司を称える記念碑が立っている。

58 「刺身」と「お造り」は同じ料理？　違う料理？

日本を訪れる外国人に、おすすめの日本料理と言えば、「刺身」「寿司」「天ぷら」だろう。今では、海外での和食ブームもあって、お箸を上手に使いこなして美味しそうに食べる外国人を見かけることも多くなった。

なかでも刺身や寿司は「Sashimi」「Sushi」で通じてしまうほど、世界に浸透していると言えるだろう。

そんなワールドワイドな刺身だが、居酒屋や小料理屋のメニューを見ると「お造り」と書かれている場合も多い。刺身もお造りも、新鮮な魚介類を生のまま切り身にした日本料理だが、違いはあるのだろうか。

日本で暮らす外国人が「オサシミ、アリマスカ」と店の人に尋ねたら、「お造りになります」と答えられて戸惑ったという話もある。こうなると何か違いがあるのではと思ってしまうが、どうなのか。

答えは「違いはない」。どちらも同じ料理を指す言葉で、関東では「刺身」、関西では「お造り」が一般的な名称のようだ。

魚介類の切り身を生で食べる料理は、江戸時代、まず関東を中心に広まった。武家社会の関東では「切る」という言葉は縁起が悪いとして、「切り身」という名称が避けられ「刺身」と呼ばれるようになった。

また、魚を切り身にして並べると何の魚の料理なのかがわからなくなってしまうため、魚のヒレやエラの部分を「刺して」目印にすることで、魚の種類がわかるようにしていたことから、「刺身」と呼ばれるようになったという説もある。

一方、関東から関西に広まった刺身だが、関西では「刺す」という言葉も縁起が悪いとされた。そのため、「調理する」という意味を持つ「作る」という言葉から「作り身」「造り」「お造り」へと変化した。

現代では、舟盛りや尾頭付きなど豪華に飾られた刺身を「お造り」と呼び、シンプルな切り身を「刺身」と呼ぶ傾向もあるが、小さな皿に少量を盛り付けた刺身もお造りと呼ぶ場合もある。はっきりした使い分けはされていないようだ。

59 日本のカレーとインドのカレーはどこが違うのか？

日本に来て初めて日本のカレーを食べたインド人が、「この美味しい料理はいったい何ですか？」と驚いたという笑い話がある。

あながち冗談ではなく、それほどインドのカレーと日本のカレーは異なるものなのだ。なぜだろうか。

そもそも、インドに「カレー」というメニューは存在しない。「カレー」とは、さまざまな香辛料を多用したインド独特の調理法によって作られた料理に対し、欧米人がつけた名称なのだ。

インドでは、豆を使ったカレーを「ダール」、ほうれん草などの青菜を使ったカレーを「サーグ」、カリフラワーとじゃがいもを使ったカレーを「アルゴビ」など、メニュー別に呼び名がある。

では、そんなインドのカレー料理と日本のカレーライスには、どんな違いがあるのだろうか。

インドのカレールーは汁気が多くてサラッとしているのが特徴だが、日本のルーはとろみがある。これは、ルーに小麦粉を加えているからだ。インドでは、ルーに小麦粉を入れることはほとんどないという。

この違いが生まれた背景には、欧米列強のアジアへの進出と、カレー伝来の歴史が隠されている。

イギリスは１６００年に設立した「東インド会社」を足がかりに、インドの本格的な植民地経営に乗り出した。その後、多くのイギリス人がインドに移り住み、インド文化を母国へ伝えていたのだが、１７２２年にヘイスティングという英国人がカレーの原料と米を母国に持ち帰り、それをもとに十九世紀初め、イギリスでカレー粉が作られた。日本で使われているカレー粉は、インドではなくイギリスで考案されたもので、インドにカレー粉はないのだ。

さらにイギリスで、このカレー粉に小麦粉でとろみを加えた欧風煮込み料理に変化し、それが明治時代に日本に伝わった。日本でカレーはインド料理ではなく西洋料理として広まったのだ。これが、日本のカレーが本場インドとは別物になった理由というわけだ。

60 「ごはん」と「ライス」の似て非なる関係って？

カレーライスはインド発祥、ラーメンは中国発祥の料理。ところが日本のカレーライスもラーメンも独自に発展したために、インドや中国の料理とは別物になってしまった。

とりわけ日本のラーメンは、札幌ラーメンや喜多方ラーメン、尾道ラーメン、博多ラーメンなど地域ごとに名物化している。インドに行っても日本風のカレーライスは出てこないし、中国にいたっては「日本式ラーメン」として逆輸入されている。

ところで、このカレーライスなどの「ライス」だが、「ごはん」なのか「ライス」なのか？ 同じものと思っている人もいるかもしれないが、「ごはん」と「ライス」は異なる。料理業界ではその違いは明確だ。

多くの人は「ごはんを英語で言うとライス」、あるいは「お椀に盛るとごはん、皿に盛るとライス」と言うがそれも誤解だ。じつは調理方法が異なるのだ。

ごはんはお米を炊いたもの。最近は電子ジャーで簡単に炊けるようになったが、本来は、水でといだお米を、水といっしょに釜に入れて、火にかける。

一方「ライス」は、炊く途中で一度水を捨てる。そのあと改めて水を入れて炊く。そのため、ごはんよりも粘り気が出ない。洋食にあった食感と味になるというわけだ。欧米では、お米を炊く途中で水を捨てて「ライス」として調理する家庭も多いという。日本では伝統的な「ごはん」の炊き方をするのが一般的だ。

もっとも、実際には、カレーライスに「ごはん」を使う料理店もあるように、どこまで厳密に区別されているかは、明らかではない。

61 なぜ土用丑の日にウナギを食べるようになったのか？

バレンタインデーはキリスト教におけるイベントの一つで、海外では男女が愛を誓う日とされている。ところが日本では、女性が男性にチョコレートを贈って愛を告げる日と、イベントの意味が変わっている。なぜ日本にそのような形で広まったのか。

お菓子メーカーのモロゾフが１９３６年に、外国人向けの英字新聞に「バレンタインデー用チョコレート」の広告を出したことが始まりとされている。その後、お菓子メーカー各社が「2月14日にはチョコレートを贈り愛の告白を!」とキャンペーンを展開したのが定着したのだ。

じつは、この手の販売促進キャンペーンは江戸時代にもあった。それが、土用の丑の日に「ウナギを食べよう」というもの。土用という期間は、春夏秋冬にそれぞれ1回、18日間ずつ巡ってくる。その間に来る丑の日が「土用の丑の日」となる。

そもそもウナギが美味しく食べられる旬は、秋から冬の時期。夏はウナギを食べる人が少なかった。なんとか夏にウナギを食べさせる方法はないかと、ウナギ屋を営む知人から相談を受けた平賀源内が「本日は土用の丑の日」というキャッチコピーを考えて、ウナギ屋に掲げたところ大繁盛した。そこから土用の丑の日にウナギを食べるという風習が生まれたとされている。

もともと土用の丑の日は、ウサギ、ウドン、ウリ、梅干しなど、名前に「う」の付くものを食べる風習があった。そこに平賀源内は、ウナギをアピールした作戦を思いついたわけだ。

なお、平賀源内は、西洋から伝わってきた壊れたエレキテル(静電気を作る機械)

を修理したり、お芝居の台本を書いたり、源内焼という焼き物を考案したり、油絵を描いたりという、非常に幅広いジャンルで才能を発揮した人物だ。

ウナギの例も、日本初の「広告コピー」ともされている。ちなみに、歯磨き粉を広く庶民に使わせるための、今で言うところのＣＭソングも手掛けている。

62　「もり蕎麦」と「ざる蕎麦」、違いは海苔だけじゃなかった？　☆13

江戸時代から人気の庶民の食べ物といえば蕎麦。冷たい汁の蕎麦には「もり蕎麦」と「ざる蕎麦」があるが、この違いはなんだろう。

実際に注文してみると、ざる蕎麦は、蕎麦の上に刻み海苔が掛かっている。違いは海苔だけなのかと拍子抜けしそうだが、「もり」と「ざる」にはそれぞれ別の由来がある。

江戸時代の蕎麦は「そば切り」と呼ばれ、汁につけて食べるものだった。ところが、せっかちな江戸っ子は、いちいち汁につけるのは面倒だと、蕎麦に汁をかけて食べるようになった。この「ぶっかけ蕎麦」が人気となり、器も一つで済むから片付けも楽だと、多くの蕎麦屋が出すようになった。

そうなると、汁につけて食べる蕎麦と区別する必要が出てきた。そこで器に盛り付けて、汁につけて食べる蕎麦を「もり蕎麦」と呼ぶことにしたのだ。蕎麦を高く盛るからこの名称になったという説もある。

ざる蕎麦は、江戸時代に深川にあった「伊勢屋」という蕎麦屋で竹ざるに盛ったのが始まりと言われている。水で洗った蕎麦を盛り付けるのに、ざるはぴったり。蕎麦が水っぽくなくなり、食感も良くなる。この蕎麦も評判になったという。

ざる蕎麦に刻み海苔をかけるようになったのは明治時代以降だが、さらに、もり蕎麦とは違う「ざる汁」を別に作って、「つけ汁の差別化」もしていたらしい。もり蕎麦のつゆは関東風で辛いが、ざる汁は高価なみりんやだしを使った関西風のまろやかな味だったという。今では、ざる汁を作る店は少なく、一部の老舗を除くともりとざるの違いは海苔のあるなしだけになってしまったと言ってもいいだろう。

もう一つ、「せいろそば」という名称もある。「せいろ」は蒸し料理に使う「蒸籠《せいろう》」のことで、これにそばを盛り付けたから「せいろそば」と呼ばれるようになった。

63 ショートケーキは何が「ショート」なのか？

ショートホールといえば、ゴルフでパー3のコースのこと。じつは日本のゴルフコース独特の言い方で和製英語だ。「彼女はショートカットのほうが似合うよ」と言うときのショートカットも正しい英語は「ショートヘア」。ショートカットだと「近道」の意味になってしまう。

ショートを使った言葉では、「ショートケーキ」も英語と日本語とでは、お菓子の種類がだいぶ異なる。

日本人なら誰もが思い浮かべるのは、誕生日やクリスマスで買うケーキの定番で、ふわふわのスポンジを白い生クリームとイチゴでデコレーションしたあのケーキだが、アメリカで「ショートケイク（Shortcake）」といえば、スポンジの代わりにビスケットを使って、生クリームとイチゴをはさんだお菓子のこと。この「Short」には「サクサクとした」という意味がある。日本のショートケーキとは、見た目と食感がまったく違うのだ。

つまり、日本でよく知られたショートケーキは日本発祥のオリジナル。発案者には諸説ある。一人は、ペコちゃんでおなじみの不二家の創設者・藤井林右衛門だ。1992年にアメリカ式のショートケイクを日本人向けに改良し、生地をスポンジにして売り出したという。

発売当初は、スポンジの周りに生クリームは塗られていなかったため、見た目はアメリカ式ショートケイクに似ていたらしい。

もう一人がフランス菓子「コロンバン」の創業者・門倉國輝が若い頃、フランスで修業して帰国した後に日本人向けにショートケーキを考えたという説も有力だ。

ところで、日本オリジナルのそのケーキ、なぜ「ショート」ケーキなのだろう。「ロング」ケーキがあって、それを小さく切るからというわけではない。

先述のショートケイクを参考にしたからという説もあれば、スポンジに生クリームとイチゴなど果物をデコレーションするだけで「短時間で作れる」ことからという説もある。

64 「大正エビ」は明治時代には何と呼ばれていた？

海にいる奇妙な形の生物「タツノオトシゴ」。龍にも似た姿なので、「タツ」、つまり龍の落とした子どもという意味の名前がつけられている。

タツノオトシゴに似た動物が「タツノイトコ」と「タツノハトコ」だ。タツノオトシゴに似ているから「イトコ」と「ハトコ」とつけられたのだろう。そう考えると疑問に思ってしまうのが「タツノオトシゴ」が発見される前は、「タツノイトコ」はなんと呼ばれていたかということだ。

同じような疑問を抱いてしまうのが、「大正エビ」だ。

大正エビがよく食べられるようになったのは、大正時代である。元号は、明治↓大正↓昭和↓平成と続いているが、大正エビは自然に生息する生き物なので、大正になって突然出てきたわけではない。いったい大正時代が始まる前にはなんと呼ばれていたのか。明治エビ？　はありえないだろう。

大正時代より前は「高麗《こうらい》エビ」だった。というのも、中国や台湾のあたりで取ったものを輸入するエビだからだ。

これが「大正エビ」と呼ばれるようになるのは、大正時代に設立されたエビを取り扱う会社の「大正組」が、中国に生息する「高麗エビ」に「大正エビ」という名前をつけて、日本の市場に売り出したことによる。つまり、「大正エビ」の「大正」の由来は、大正時代ではなく会社名なのだ。

なお、このエビは、天ぷらや酒蒸しにするとうまい。うまいのだが、料理に使う食材となると、名前も重要だ。美味しそうで高級感もそれなりにある名前でないと、食材としての魅力も下がる。そこで「大正エビ」だったとされている。

大正時代に急激に普及した背景には、ネーミングがよかったという理由もあったに違いない。当時の人は、「今の時代にあった海老の味」と感じて口にしたのだろう。

65 「海老」と「蝦」の違い、知ってますか？

漢字は、それぞれの文字が意味や、その文字の成り立ちを示しているのが特徴だ。

そのため、「礼遇」と「冷遇」など、同じ読みなのに意味がほぼ正反対になってしまうこともある。

また、同じ漢字圏でも国が違うと文字が持つ意味合いも違ってくるようで、中国語で「手紙」と書けばトイレットペーパーのことになるし、「愛人」は妻や夫のこと。「日陰の身」でも「隠しておきたい存在」でもないのだ。

ところで、漢字の意味を考えていくと不思議なことに、同じモノを示していると思われるのに、違う漢字を使う場合がある。

例えば、「海老」と「蝦」。どちらもエビのことだが、なぜ漢字が2種類あるのか。意味や成り立ちを示すのが漢字の特徴なのだから、この２つには、きっと違いがあるはず…。その通り、２つの漢字はそれぞれ違うエビを指している。

そもそもエビは、海底を歩くタイプの歩行型と海中を泳ぐタイプの遊泳型に大別される。一般的に、歩行型を「海老」、遊泳型を「蝦」と書くのが正しいとされている。

ということは、文章の中でエビのことを書く場合、そのエビが「歩くのか」「泳ぐのか」を調べて書かないといけないのだろうか？　実はそこまで厳密には区別されていないようだ。

現在では、伊勢エビのように大きなエビは「海老」、芝エビや桜エビなど小型のエビは「蝦」と書くのが通例のようだ。となると困るのは車エビやボタンエビなどの中型のエビ。インターネットで検索すると、「車海老」よりも「車蝦」のほうがヒット数は多いようだ。

ちなみに、エビは英語でも大きさによって呼称が異なる。伊勢エビのように大きなエビは「ロブスター」、車エビくらいの大きさが「プローン」、小さなエビは「シュリンプ」。日本語より細かく分けられているのだ。

外国人に海老と蝦の違いを聞かれたら、英語でも明確に区別されていることを説明してあげよう。

66 香りのいい吟醸酒、普通のお酒とどう違う?

居酒屋で吟醸酒をお燗にしてくれと頼んだら、白い目で見られた、なんてことはないだろうか。店によっては断られる場合もあるらしい。吟醸酒を燗ではなく、冷やで飲むのにはれっきとした理由がある。

一般的に吟醸酒は「吟醸香」と呼ばれる独特のフルーティーな香りを楽しむため、

冷やして飲むのがいいと言われる。お燗にするとせっかくの香りが飛んでしまうからだ。

では、なぜ吟醸酒は香りがよくなるのだろうか。

その理由は製法にある。日本酒には吟醸酒のほか、純米酒や本醸造酒などの名称があるが、これらは製法による分類と考えていい。

吟醸酒は、精米歩合が60パーセント以下になるまで精白した白米を原料としている。普段食べているごはんが精米歩合90％以上とされているので、かなり「磨かれた米」だ。それを低温でじっくり発酵させるという、時間と手間のかかるお酒なのだ。

蔵元によって違いはあるが、5度から10度の温度で30日以上発酵させる。その発酵の過程でさまざまなアルコール成分を生成させ、それらが酸と結合することでフルーツを想わせる華やかな香りが生まれるのだ。発酵時の温度が高いとそこで香りが飛んでしまう。吟醸酒はお燗ではなく冷やで飲むのも、同じ理由だ。

吟醸酒は10月頃から造り始めて、出来上がるのは3月から4月頃。できてすぐに出荷はせず、香りや味を安定させるため半年以上も貯蔵して熟成させる。つまり出荷まで一年近くかかるというわけだ。

また、吟醸酒には大吟醸と呼ばれるものもあるが、これは精米時に50パーセント以下になるまで精白した米を使っている。さらに、醸造アルコールを添加していないものは、純米吟醸酒と呼ばれる。

ちなみに、香りがよくすっきりした味わいの吟醸酒は冷やで飲むのがいいが、旨味やコクの強い純米酒や本醸造酒は冷やだとやや重い感じがする。そのためお燗にして飲むのをお勧めしたい。

67 日本酒がアルコール度22度以上にできない理由って？

世界各地で飲まれるお酒は、国や地域ごとにさまざまな種類がある。なかでも珍しいのは、「粉末酒」だろう。お酒から、アルコールと香気成分を残し、水分だけを取り除いて、粉末にしたものだ。

梅酒、ウォッカ、ブランデー、ワイン、清酒などさまざまな種類の粉末酒が作られている。水に溶かしてお酒にする以外に、お菓子やケーキなどにも使われる。

この粉末酒が、通常のお酒と異なるのは、度数だ。お酒の度数は、液体１００cc

に含まれるアルコールの量で表す。粉末酒の場合は、溶かす水の量によって度数が変わってしまうのだ。

ところで、世界各地のお酒の中でもっともアルコール度が高いのは、じつは日本酒とも言えることをご存知だろうか。

えっと驚くかもしれない。ウォッカやブランデーのほうが日本酒よりアルコール度が高いじゃないかと。確かにブランデーは40度から50度もあるし、ウォッカでは90度以上のものもある。

しかし、あれらは蒸留酒であって、一度作った原酒を繰り返し蒸留することで度数を高めたものだ。

一方、日本酒の原酒は20度くらいのアルコール度を持っていて、それを商品として出荷する際に、15度程度まで薄めている。原酒の段階でアルコール度数が20度もある酒は珍しい。

ちなみに日本酒では、酵母が原料米の糖分を食べてアルコールに変えているが、そのときにアルコール度数が20度を超えるとアルコールの作用で酵母自身が死んでしまう。だから、それ以上の度数の日本酒を造るのは難しいのだ。

あわせて日本の酒税法では、日本酒はアルコール度が22度未満とされている。それ以上のアルコール度を持つ日本酒がないのは、この法律があるからだ。

ただし、法律上は日本酒に含まれないものの、じつは22度を超える日本酒が実在する。それは新潟で作られる「越後武士《えちごさむらい》」という酒だ。日本酒と同じ醸造酒で、なんと46度というアルコール度の高さだ。製法は明らかにされていない。

68 レギュラーコーヒー、何が「レギュラー」なのか？

「コンセント」「クーラー」「ノートパソコン」など、普段の暮らしで使っている単語だが、外国人との会話では使わないよう注意しよう。英語だと思い込んでいると、外国人にはまったく意味が通じなくて恥をかいてしまいかねない。これらは和製英語なのだ。

じつは「レギュラーコーヒー」も、そんな和製英語の一つと言える。かつて日本では、本格的なコーヒーを家庭で飲む習慣はなく、「インスタントコーヒー」が主流だった。

ところが1970年前後より、焙煎した豆から抽出するコーヒーが普及し始めた。その際、インスタントコーヒーと区別するために生まれたのが「レギュラーコーヒー」という名称。

レギュラーコーヒーとは、豆の種類や飲み方、コーヒーの淹れ方に由来したものではなく、焙煎したコーヒー豆を粉状にし、ペーパーフィルターなどでドリップして飲むものをすべてレギュラーコーヒーと呼んだのだ。

このレギュラーコーヒーという言葉、英語にもあるにはあるが、意味合いはさまざまだ。

例えばニューヨークのカフェでレギュラーコーヒーを注文するとコーヒーにミルクと砂糖が入ったものが出てくるのが一般的とのこと。一方、地域によってはブラックコーヒーのことだったり、カフェイン入りのコーヒーだったり。

また、コーヒーカップのサイズがレギュラーであることも多い。いずれにしても、日本で一般的に使われているレギュラーコーヒーとは、意味合いが異なるのだ。

ちなみに、世界で初めてコーヒーハウスができたのは1554年、当時のオスマン帝国のコンスタンティノープル（現在のイスタンブール）。日本には江戸時代初期に長崎の出島のオランダ商館を通じて入ってきたとされるが、文献に登場するのは1780年代に入ってからだ。

日本で初めてコーヒーの風味についてコメントしたのは、食通で知られる蜀山人で「焦げクサい飲み物だ」と語ったそうだ。オランダ商館を通じて入ってきたことから、日本語のコーヒーは英語の「coffee」ではなく、オランダ語の「koffie」に由来する。

69 「卵」と「玉子」、どうして2つの書き方がある?

才能のある若者を「金の卵」と呼ぶことがある。この言葉は、若者の持つ可能性を「卵」に例えることで、「将来はさぞかし立派な人物に成長するのだろうなあ」という期待を込めて使われている。

ただし、文字にしたときに「金の卵」とは書いても、「金の玉子」と書くことはまずない。それはなぜだろうか。じつは同じたまごでも「卵」と「玉子」では意味に違いがあるからだ。

「卵」とは、すこし難しく説明すると、生物が効率よく子孫を残すために、体外に排出した殻の付いた生殖細胞のことを指している。その中で、食料として扱われることの多い鶏の卵に調理を施して加工したものを「玉子」と呼ぶのだ。ようするに、殻に入ったままのものは「卵」で、調理すると「玉子」なのだ。

そう考えてみると確かに、探検家のコロンブスが底をへこませて無理やり立たせたという逸話に出てくるたまごを文字にするときは「コロンブスの卵」であって、「コロンブスの玉子」とはあまり書かない。卵を溶いて白いごはんにかけただけの「卵かけご飯」も、やはり、「玉子かけごはん」ではないほうが一般的だろう。

ただし、この説には異論もある。地方によっては、卵を調味料と混ぜて熱した「玉子焼き」のことを、「卵焼き」と表記するところもあるからだ。溶いた卵を酒や砂糖と混ぜて熱した「たまご酒」の場合は、日本語の達人である明治の文豪たちの間でも「卵酒」派と「玉子酒」派に分かれているのだ。

こうなってくると、「卵」と「玉子」の使い分けが難しくなってきてしまう。ひらがなの「たまご」も、カタカナの「タマゴ」も最近ではよく使われている。実際の生活の中では、厳密に区別することはあまりないのかもしれない。

70 お弁当に入っている、あの緑の仕切りの正体は？

日本食が世界的に人気だが、今や日本の「お弁当」が海外で注目されているとか。英語で「bento」と言っても通じるという話もあるほどだ。ランチボックスの中をいくつかに仕切って、そこに、ごはんと、メインのおかず、副菜を分けて入れる。彩りもキレイで栄養のバランスも良いというのが、海外で称賛されている主な理由だ。

こうした、日本の伝統的ともいえるお弁当を鉄道の駅チカや駅ナカで買うと、中に緑色のプラスチックでできた笹のようなものが入っている。名前は「バラン」だ。なんのために入っているのだろう。

その理由は、バランの由来にも関係する。もともと、バランの由来は、漢字で「葉蘭」と書くユリ科の植物だ。読み方は「はらん」。江戸時代の料理人や寿司職人は、はらんの葉を、おかずとおかずを仕切るのに使っていた。おかず同士が隣り合わせでくっついてしまい、味が混ざってしまったり、色が移ってしまったりするのを防ぐためだ。

ところが、植物の生育には季節が関係するし、すぐに手に入らないときもある。そこで、時代が進むうちに薄いプラスチックの緑のシートを、はらんの葉をイメージして細工して使用するようになったのだ。

現在、バランといえば緑のプラスチックを細工したものだが、高級料亭や寿司屋ではまだ、本物のはらんの葉を使っているところもある。その場合、呼び方はプラスチックと明確に区別して「はらん」である。

また、はらんだけではなく、熊笹の葉も同じように使われている。両者にも使い分けがあるようだ。はらんは、料理にデザインを重視した飾りをつけたいときに使われ、熊笹は寿司を並べたときの隙間を演出するためのアクセントとして使われることが多いという。ちなみに、熊笹を細工したものを「切り笹」と呼ぶ。

第6章

お侍さんはなぜチョンマゲなんて結っていたの？

～学校では教えてくれない日本の歴史13の雑学

Chōchin

Sumo mawashi

Sakura

71 「ニッポン」と「ニホン」、正しい読みはどっち？ ☆14

日本人は律義だ。とりわけ人の名前に関しては律儀さが発揮される。例えば「たかはし」という名前を一つとっても「高橋」「髙橋」といろいろな漢字があるが、メールや手紙を送るときは名刺を取り出して、正しい漢字かどうかをしっかり確認。もし間違えたら「大変失礼しました」と平謝り。

ところが、そんな日本人でも気にしていないのが、意外なことに自分の国の名前。国の名前を漢字で書くと「日本」となるが、これを口にすると、人によって「ニホン」だったり「ニッポン」だったり。どちらが正しいの？と外国人に聞かれたらなんと答えようか。

答えは「どちらも正しい」だ。現在の日本政府の見解も、「どちらの読み方でもよい」と玉虫色。そこで歴史をさかのぼってみて、どちらの読み方が「古いのか」を考えてみよう。

ここで注目したいのは、「はひふへほ」と「パピプペポ」の歴史だ。実は「はひふへほ」の音は、歴史の中で変化を繰り返している。現在は「ハヒフヘホ」とH音で発音しているが、戦国時代は「ファフィフフェフォ」とFの音だったと考えられている。当時、日本を訪れていたポルトガル人が残した日葡《にっぽ》辞書（１６０３〜１６０４年にかけて発行された日本語とポルトガル語の辞書）には、日本について「ニフォン、ニッポン、ジッポン」の３つの記載がある。

さらに、時代をさかのぼると、「パピプペポ」とP音として発音していたと考えられている。そして単語の途中にP音があると、その前に「ッ」が挿入される。つまり昔は日本と書いて「ニポン」ではなく「ニッポン」と読んでいたわけだ。

そうなると、より古い日本の呼び方は、「ニッポン」、その後「ニフォン」になって、「ニホン」となったと言えるかもしれない。

72 なぜ日本人はあんなに桜が好きなのか？

☆15

日本は四季がはっきりとしている国。季節の移り変わりを感じるイベントが四季折々にある。２月の節分、３月のひな祭り、４月の花見、７月や８月には盆踊りや花火大会が各地で開かれ、9月にはお月見、最近では10月のハロウィンパーティーも秋の夜長を楽しむイベントとして定着した感があり、12月にはクリスマスもある。日本人は季節の移ろいを楽しむのが得意な国民と言えるだろう。

とりわけ、日本人にとって特別な意味をもつのが「花見」だ。桜の開花情報がテレビニュースでも報じられるのを見ると、外国人は「なぜ、日本人はこんなに桜が好きなのか」と不思議に感じるという。

理由はさまざまに考えられるが、桜が一斉に咲いて、パッと散る姿に美しさだけでなく、潔さ、物悲しさ、儚さなどを感じるからと言えるだろう。「諸行無常」や「もののあはれ」などの日本的な美学と通じる部分がある。それを感じるのは、日本人のDNAと言っていいのではないだろうか。というのも日本人が桜を愛するようになったのは、最近のことではないからだ。

平安時代の歌人である在原業平は、桜への想いを次のような歌で表現している。

――世の中に たえて桜のなかりせば 春の心はのどけからまし――

この世に桜の花がまったくなかったら、春の心は穏やかであるだろうに、という意味だが、もちろん桜がないほうがいいと言っているわけではない。心を掻き乱す桜の美しさへの愛情と執着を逆説的に表現していると言える。

この歌が詠まれたのは、今から約１２００年も前とされるが、桜の人気が高まり始めたのはどうやらこの平安時代のようだ。

平安時代の前の奈良時代の和歌で花といえば「梅」のこと。これが平安時代になると、それまでの中国風文化に代わり、日本的な優美さを好む国風文化が流行り、桜の人気も高まっていったと考えられている。

豊臣秀吉は、醍醐寺に７００本もの桜を植えさせ、１５９８年の春には盛大な花見を開いている。江戸時代には品種改良が進み、江戸末期にはソメイヨシノが生まれた。花見の風習が広く庶民に広まったのも江戸時代だ。

73 お侍さんはなぜチョンマゲなんて結っていたの？　☆16

髪型は重要なファッションの一つ。手間のかかるヘアスタイルといえば、なんといってもレゲーのミュージシャンなどに見られるドレッドヘアだろう。長い髪の毛を、いくつもの束にして、それぞれをロープのように編んでいくのだから。

しかし、日本にも非常に手間のかかる髪型が流行していた。チョンマゲだ。かつての日本の侍は刀を腰に帯び、頭にはチョンマゲを結っていた。チョンマゲとは、髪の毛を額から頭頂部にかけて剃り、後頭部と側頭部だけを伸ばす。そして伸びた髪の毛を1本の束にして、頭頂部にちょこんと載せた髪型である。

武士がチョンマゲを結っていた理由は、戦いのときに頭を守る兜にある。鉄の帽子である兜は、長時間着用していると蒸れる。そのため、兜をかぶるときは頭頂部を剃っていた。そして残った後頭部の髪の毛を束ねていたのが始まりとされる。

このチョンマゲ、放っておくと頭頂部に髪が生えてくるので、頻繁にカミソリで剃らないといけない。チョンマゲを結うのも形を整えるのも、自分でやるのは大変だ。そこで「髪結い」という職業が繁盛したという。

なお、チョンマゲは武士だけのものではない。一般の男性もチョンマゲを結っていたのである。ただし、チョンマゲにはさまざまなバリエーションがあり、身分や職業、それにその時々の流行によっても形に違いがあった。

また、日本女性の髪型も、男性に負けずと複雑だった。現代でも日本風の結婚式をすると、新婦は頭の上に持ち上げた髪を結って飾りを作る「文金高島田」という髪型にする。今の結婚式ではカツラを使うのが一般的だが、江戸時代は自分の髪であのような髪型を作っていたのだ。

74 昔の女性がわざわざ歯を黒く染めていたワケは？

言うまでもないが、「美人」「可愛い」の基準は時代によって変わる。例えば、江戸時代の「美人画」を見てどこが美人なんだと思う人もいるだろう。ましてや、真っ黒に塗られた歯を目にしたら、不気味なものと目に映ってしまうのは、仕方ないかもしれない。

この歯を黒く染める習慣は「お歯黒」と呼ばれ、明治初期まで続いていた。お歯黒といえば女性限定と思われがちだが、女性だけの習慣になったのは江戸時代からだ。それ以前には、一部の男性の間にも歯を黒く染める習慣があった。

このお歯黒、別名「鉄漿《かね》」「つけがね」「歯黒」「涅歯（でっし・ねっし）」とも呼ばれる化粧品の一種だが、その起源についてははっきりわかっていない。日本古来の風習とする説と、海を渡って伝えられたとする説があり、「源氏物語」や「紫式部日記」にお歯黒に関する記述があることから、平安時代の貴族階級に広がっていたことがわかる。

平安末期になると貴族の男性や武士にも広がり、成人の証として黒く染めるようになった。その後、時代が下るにつれて染める時期も早くなり、戦国時代になると武将の娘は政略結婚に備えて八歳頃から染めていたという。

やがて江戸時代になると庶民にも広がり、おもに既婚女性が化粧としてお歯黒をつけた。しかし1870年（明治3年）に政府からお歯黒禁止令が出されると、徐々に廃れていったのだ。

このように長い間習慣として行われていたお歯黒の意義については諸説あるが、他の色に染まらない「黒」を塗ることで夫への貞操を表したという説が一般的だ。

また、お歯黒の染料は「鉄漿水《かねみず》」と呼ばれる茶褐色の液体で、これにタンニンを混ぜて酸化させると黒い色になる。それを歯に塗ると鉄に覆われるため、虫歯予防になるのだ。

お歯黒には、貞節を示すという象徴的な意義と、虫歯予防という実用的な意義があったのだ。

75 神社とお寺でお参りの仕方が違うのはどうして？ ☆17

かつての日本の家には神棚と仏壇があるのが当たり前だった。毎朝、ご飯を食べる前に神棚と仏壇の前に行き、拝むのは生活の一部でもあった。ところが最近は、神棚や仏壇を置く家はほとんどない。神様や仏様に拝むのも、初詣のときに神社に行き、お盆にお寺に行くときくらい。日本人の中にも、お参りの作法を知らない人が増えてきた。

神社とお寺では、お参りの仕方が異なるが、それは宗教が異なるため。神社は、日本古来の神様が祀られている。日本には「八百万《やおよろず》の神」がいるとされ、全国各地に数多くの神様が祀られている。その頂点に位置するのが、天照大御神とされている。

一方、お寺は仏教である。インドで生まれた宗教で、中国、朝鮮半島を渡って日本に伝えられたとされている。日本に伝わってくる過程で、インド本来の仏教とは異なる発展をしてきたが、信仰の対象はお釈迦様、つまりはブッダの教えである。

さて、それぞれのお参りの作法だが、どう違うのだろうか。大きな違いは、神社では手を「パンパン」と打つが、お寺では手を打たないこと。手を打つことを「拍《かしわ》手《で》を打つ」と呼ぶが、それにも意味がある。神社へのお参りでは、まず、手水舎《ちょうずや》のヒシャクで手を洗い、口をすすぐ。これは神様の前に立つ前に、心と体を清める意味を持つ。

次に拝殿の前に進んで、鈴を鳴らす。続いて拍手を打つ。基本的には「二礼二拍手一礼」で、二度お辞儀をした後に、二回手を打ち、最後にもう一回お辞儀をする。鈴を鳴らし、拍手を打ち、頭を下げるという一連の動作の中で、神様に対して参拝に来たことを伝え、神様の恵みを願い、最後に神様への感謝を示すのだ。

お寺でも、手水舎で身を清め、鈴、あるいは鐘を鳴らすまでは神社と同じ。その後に両手をすり合わせながら祈る。手は打たない。そして、ろうそくと線香に火をつけて供えるのが一般的だ。

神社では拍手を打ち、お寺では両手を合わせて拝むと覚えておけばいい。これさえ間違えなければ、多少の作法を間違えても、神様や仏様は怒ったりはしないはずだ。

76 皇室に名字がない理由、知っていますか？

手紙やはがきを送るとき、「住所と氏名を書いて」とは言うが「住所と姓名を書いて」とはあまり言わない。夫婦なのに、別々の名字を名乗ることを「夫婦別姓」というが「夫婦別氏」とも言わない。氏名や姓名、それに名字、これらは何が違うのだろう。

氏名の「氏」は「うじ」と読み、本来は血筋を示すものだった。藤原、源、平、橘などがその例である。藤原氏は、大化の改新（645年）の功労者である中臣鎌足が、当時の天皇から藤原の氏を授けられたときから始まった。「氏」とは、もともとは天皇から授けられるものだったのである。

「姓」も、天皇から授けられるもので、家の格式を示すものだ。姓と書いて「かばね」と読む。天武天皇が制定した「八色の姓」がこれに当たり、朝臣《あそん》、宿禰《すくね》などがある。

天皇から授けられた氏や姓に対し、名字とは、出身地などをもとに、自分の家に対してつけた呼び名だ。田中、鈴木、山田など日本人に多い名字を思い浮かべるとピンとくる。天皇から授けられた氏や姓と、自分でつけた名字は、古くは厳密に区別され、公式な場では「氏＋姓＋名」で呼ばれたという。つまり、天皇から授けられた氏や姓は公式、自分でつけた名字は私的なものだったのだ。

例えば、徳川家康は、公式文書では氏が「源」、姓が「朝臣」、名が「家康」、つまり「源朝臣家康」だった。「徳川」という名字は私的なもので公式の場では用いられることはなかったという。また、名には通称もあり、それが「次郎三郎」。日常的には「徳川次郎三郎」と呼ばれていたという。

さて、そこで天皇や皇族の名字を考えてみる。答えは「名字はありません」だ。氏も姓も天皇が授けるもので、名字は自分の家に対してつけたもの、天皇が自分に氏や姓を与えることもなければ、自分の家に対して名字をつけるようなこともしなかった。だから、今の皇室にも名字にあたるものはないのである。

77 卑弥呼はどうやって外国人とコミュニケーションを取っていた？

日本を訪れる外国人の人数は年間約１８００万人。国際化という言葉が聞かれて久しいが、今では日本のあちこちで、日本語以外の言葉が飛び交う光景も珍しくはなくなった。

こうした海外の人たちとの交流は今に始まったことではない。日本では、はるか昔の238年（239年説もあり）、邪馬台国の女王・卑弥呼が当時の中国である魏の国に使者を送り、皇帝から「親魏倭王」、すなわち倭の国（当時の日本）の王と認められたという。

すでに約1800年も前から海外の国の人たちとの交流はあったのだが、当時、コミュニケーションはどうしていたのだろうか。事前に、魏の国の言葉、今で言うところの中国語を勉強して行ったのだろうか…。どうもそうではないらしい。優秀な通訳がいたのだ。

卑弥呼の時代よりも以前の一、二世紀にも中国の王朝と交流があったことを考えると、当時の中国の言葉を理解できる通訳がすでに邪馬台国にいても不思議ではない。日本語から魏の言葉に通訳するのではなく、当時、朝鮮半島で話されていた言葉を媒介語とした可能性もある。

卑弥呼と魏の交流について記されている「魏志倭人伝」では、倭人について「今使譯所通三十國（現在、使訳が通じるところは三十国ある）」という記述がある。しかしこの「使訳」が使者と通訳を意味するかは明らかではない。

ちなみに卑弥呼から時代を下ること約600年。天台宗の開祖である最澄は804年に遣唐使の船で中国に向けて出立しているが、このときに通訳として弟子の義真をともなっている。

真言宗を開いた空海も、最澄と同じ804年に遣唐使の船で中国へ渡ったが、空海は通訳に頼らなかった。留学僧に選ばれたときのために、前もって中国から渡来した僧について唐の言葉を学んでいたという。唐で通訳に頼っていてはしっかり学べないと考えたのだとされている。

仏教や語学のみならず、土木技術や薬学などさまざまな分野で学んだ勉強熱心な空海らしいエピソードだ。

78 力士の名前をなぜ「シコ名」っていうの？

「姫星」「希空」「緑輝」…この漢字、読める？　これらはどれも人の名前で、今、流行りのキラキラネーム。それぞれ、「きてぃ」「のあ」「さふぁいあ」と読むとか。

こんなふうに漫画やアニメのキャラクター、外国人のような名前に無理やり漢字を当てはめて読ませるわけだが、これが相撲界にも波及しているようだ。「宇瑠虎太郎（うるとら・たろう）」や「天空海翔馬（あくあ・しょうま）」など、ユニークなシコ名の力士が登場したと新聞で報道され話題になった。

ところで、この「シコ名」の由来は何だろう。もともと力士は、本名か通り名というニックネームで相撲を取っていた、ところが、江戸時代になって興行としての相撲が開かれるようになるにともなって、「シコ名」が使われるようになった。

このシコ名を漢字で書くと一般的には「四股名」だが、もともとは「醜名」だった。この漢字を読んで「醜い名前の意味」と思ったら大間違い。醜という漢字には「みにくい」だけではなく、「逞しい」や「頑丈」という意味もある。強く逞しい男性を「醜男《しこお》」というが、これと同じ使い方と考えていい。

じつは、力士の基本動作の一つである「しこ」も、足を上げて地を踏み下ろすあの一連の動作を「醜足《しこあし》」と呼んだことから来ている。「四股」は当て字だが、いつしか四股が使われるようになり、それとともに醜名も四股名に変わっていった。

また、醜名は「しゅうめい」と読んでしまうと、良くない噂、醜聞と同じ意味になってしまうため、使われなくなったという説もある。

ところで、シコ名は全ての力士についていると思いきや、じつはそうではない。幕内力士になって活躍していても本名のままの力士もいる。また、シコ名をいつつけるのかも、ある部屋では序二段から三段目に上がったらシコ名をもらえたり、新弟子検査に合格して部屋が決まるとすぐにシコ名がついたりと、部屋によってまちまちだ。

79 相撲の土俵が完全な円でない深～い理由って？

日本における最古の相撲は、今から2000年以上も前の紀元前23年、垂仁天皇の御前で野見宿禰《のみのすくね》と当麻蹴速《たぎまのくえはや》によって行われたとされている。日本書紀にあり、神話ではなく、人と人との相撲の起源とされている。

両者はお互いに蹴り合って、最後は野見宿禰が当麻蹴速のあばら骨や腰骨を踏み砕いて殺してしまったという。なんとも恐ろしい決まり手だが、現在の相撲では、相手の胸や腹を蹴るのは禁じ手だ。

日本相撲協会が定めた相撲の技（決まり手）は、「寄り切り」や「押し出し」など82手で、それ以外にも「勇み足」や「つき手」など「非技（勝負結果）」と呼ばれるものが５手ある。このうち、もっとも多い決まり手が、寄り切りと押し出しで、この２つで勝負の半分が決まるという。

さて、この寄り切りも押し出しも、相手の身体を土俵の外に出すことで勝負が決まるが、この土俵をよく見ると、東西南北の４カ所だけ俵が外側にずらしてある。これら４つを「徳俵《とくだわら》」と呼ぶ。寄り切られそうになったり、押し出されそうになったりした力士でも、この部分をうまく使えば足を残せる。つまり、「トクをする」から、この名がついたとする説がある。

しかし、徳俵が置かれている本来の意味は、押し込まれた力士をわざわざ助けるためではない。どんな意味があって、他の俵とずらして並べられているのだろうか。

理由は、「水はけ」を良くするためだ。その昔、相撲は野外に土俵を作って行われていた。そのため、雨が降ると土俵の内側に水が溜まってしまう。その水が俵の外に流れ出るように、東西南北に水の掃き出し口を設けたのだ。それが徳俵の由来だ。

現在の相撲は年6回の本場所の他に地方巡業もあるが、そのほとんどが多目的施設や体育館など屋内に土俵を作って行われている。そのため、今では土俵が雨にさらされることはなく、徳俵が溜まった雨水を掃き出すという本来の役割を果たすこともあまりなくなってしまった。

80 世界最古の長編SF小説は日本で生まれたってホント？

SFの元祖といえば、「海底二万里」「月世界旅行」を書いたジュール・ヴェルヌ（1828年生）や「タイムマシン」「宇宙戦争」を書いたH・G・ウェルズ（1866年生）。月や海底、宇宙、そして時間を超えた未来を舞台にさまざまなストーリーを創り出した。

SFは空想科学小説と呼ばれる。このジャンルの小説や物語は、日本人の繊細な文学的感性とはそぐわないのではと思う人もいるかもしれない。ところが、日本でもはるか昔に壮大なSFの物語が創られている。「竹取物語」だ。日本人なら誰もが知る「かぐや姫」の話で、成立年も作者も不明なところがミステリアス。平安時代初期から10世紀には創られていたとされている。

「竹取物語」が、ＳＦ小説として独特なのは、リアリズムに溢れているところ。かぐや姫は５人の貴族から求婚を受けるがこれを断り、天皇からの呼びかけにも応じず、８月の満月の夜に「月の都」へ帰ってしまう。この５人の貴族は、６７２年の壬申の乱に関与した貴族たちがモデルとされ、３人はほぼ実名で登場している。

物語のラストシーンは、かぐや姫が残した不死の薬を富士山で燃やす場面だ。不死の薬を燃やした煙は永遠に立ち上るのだが、当時の富士山は活火山だった。

しかも、主人公であるかぐや姫という名を持つ女性も、日本書紀、古事記に登場する日本武尊《ヤマトタケル》の祖父である垂仁天皇の后が「迦具夜比売《かぐやひめ》」。現在では、おとぎ話とされているが、物語ができた当時の人たちの受け取り方は、リアリズムと空想的な世界が見事に織り交ざった世界であったはずだ。

もう一つ、「竹取物語」よりもっと古いＳＦが日本にはある。タイムスリップ系物語の元祖ともいえる「浦島太郎」だ。この話は日本書紀や丹後国風土記に記されている。

このように日本人は、じつは古代から素晴らしいＳＦを創作してきた。その感性が脈々と受け継がれ、手塚治虫や松本零士など世界的な漫画家を生み出したのかもしれない。

81 寺なのに「高野山」「三千院」など「山」や「院」で呼ぶのはなぜ？

インドで生まれた仏教は各国に伝わり、それぞれの国で信仰や文化の影響を受けながら取り入れられていった。日本の山岳仏教もその一つ。これは、日本にもともとあった山岳信仰と仏教が融合した姿と考えられている。

山岳仏教の修行僧は、修験者や山伏と呼ばれ、物語の世界では超能力を発揮する修行僧として描かれることも多い。また、食事を絶つほどの厳しい修行の果てに、自らの意志でミイラと化して即身仏になる僧侶もいた。歴史に残る最後の即身仏は、1903年の仏海上人である。100年ちょっと前まで、即身仏の修行を実践していたとは驚きだ。

仏教が、山岳信仰の影響を受けたのは寺の名前を見てもわかる。平安時代に最澄が築いたのは「比叡山延暦寺」、空海が作ったのは「高野山金剛峯寺」。これらは山の中に修行をするための寺を作ったことに由来するとされている。

もともと、中国では寺の所在地を示すのに、その寺のある山の名前を使っていた。そのため、山の中に建てた寺は「○○山」と呼ばれるようになった。平安時代より前の日本の寺は平地に建てられることが多かったので「○○山」とはつけられなかった。


さて、寺の名前ではもう一つ、「○○院」がある。法然が作った浄土宗の総本山は、「華頂山知恩教院大谷寺」という。ここに出てくる「院」は、僧侶が住む施設の名前だ。

山、院、寺、これらの関係はどういうことなのだろう。答えは簡単だ。寺の名前には「山号」「院号」「寺号」の3種類があるということ。「寺号」だけを持つケースもあれば、「山号＋寺号」、「山号＋院号＋寺号」という3点セットもある。

いろいろなパターンがあるが、それは寺の由来や宗派などによる。よく、「○○寺より○○院のほうが、格式が高い」とか「○○山とついているほうが由緒正しい」などと言われることもあるようだが、そうではないのだ。

82 美味しい日本酒に「○○正宗」という銘柄が多い秘密は？

呼び名や商品の名称で「○○山」や「鶴○」、「○○菊」といえば？　パッと思いつくのはお相撲さんのシコ名かもしれないが、日本酒の銘柄もこうした漢字が使われることが多い。

日本酒は、お燗にしても冷やしても美味しいという世界でも珍しいお酒。昔は、3月の桃の節句から9月の菊の節句である重陽の節句までは冷やで飲み、それ以外の寒い季節はお燗にして飲んだと言われている。そんな日本酒は今や国内のみならず、「SAKE」の名称で海外でも親しまれている。

現在、日本では、1万を超える日本酒の銘柄が発売されているが、その中でも多いのが「正宗」の名称を使った銘柄だ。全国各地の酒造メーカーから「正宗」が使われた銘柄が発売されているが、それはなぜだろうか。

正宗の元祖は、灘の山邑《やまむら》酒造という蔵元の「桜正宗」だ。江戸時代末期、山邑酒造の六代目山邑太左衛門《やまむらたざえもん》は、新しい酒の名前をどうしようか悩んでいた。そんな折、京都の住職を訪ねた六代目は、机の上に「臨済正宗」と書かれた経典を見つけてひらめいたという。「正宗」は「セイシュウ」と読み、清酒の「セイシュ」とも似ていることから、銘柄にぴったりと考えたというのだ。

正宗は、その後、江戸で人気を博し庶民にまで愛飲される酒となった。すると、正宗人気にあやかろうとする蔵元が全国各地に現れ、ついに正宗は清酒の代名詞になったのだ。

明治になって商標条例が制定された際、山邑酒造は「正宗」を商標登録しようとしたが、当時すでに清酒の代名詞として定着しているとして認められなかったという。そのため山邑酒造は、日本の花として親しまれている「桜」を付けて「桜正宗」と名付けたとされている。

ところで、日本酒には変わった名前も多い。最近、世界的に大人気の「獺祭《だっさい》」も、そのままの意味は「カワウソの祭り」だし、「俺の出番」「稼ぎ頭」なんて名前もある。由来を想像しながら飲んでみるのも楽しいかもしれない。

83 「イギリス」は「イングランド」が訛った言い方じゃなかった？

日本のことを英語では「ジャパン」と呼ぶ。ドイツ語では「ヤーパン」、スペイン語では「ハポン」、イタリア語では「ジャポーネ」だ。

これらの呼び方は、元の時代の中国に滞在したイタリア人マルコポーロが記した「東方見聞録」がもとになっている。その本の中で日本を「黄金の国ジパング」として紹介しているからだ。それが、ヨーロッパの各国に広まり、「ジャパン」や「ヤーパン」「ハポン」と呼ばれるようになった。

同じようなことが、日本人が使う世界各国の国名にもある。例えば、「イギリス」である。正式な国名を日本語で記すと「グレートブリテン及び北アイルランド連合王国」だ。英語で表記すると、「United Kingdom of Great Britain and Northern Ireland」であって、どう聞き間違っても「イギリス」にはならない。「イングランド」「ウェールズ」「スコットランド」と「北アイルランド」が連合した国なので、このうちの「イングランドが訛《なま》ってイギリスになった」と言う人もいるが、もちろんそうではない。

それではなぜ、「イギリス」なのか？　それは、ポルトガル語に由来するとされている。日本に鉄砲が伝来した１５４３年以降、日本にはポルトガル人宣教師が訪れるようになり、同時にヨーロッパの情報ももたらされた。ポルトガル人が発音する「エングレス」から「イギリス」という呼び名が定着するようになったという。じつは「オランダ」も、ポルトガル語の「ホランダ」から来ている。

なお、ポルトガル語を源とする言葉は他にもある。例えば「カステラ」「ブランコ」「ボタン」「タバコ」「天ぷら」など。どれももともとはポルトガル語だ。ちなみに子どもなどを背負うことを「おんぶ」と言うが、これはポルトガル語の「肩」に由来するという説もある。

第7章

日本人はなぜ電車でもお店でもきちんと行列ができるのか？

～世界に広めたい日本人の風習17の真実

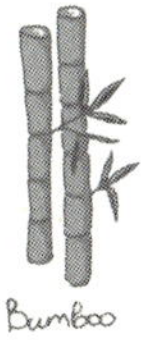

84 なぜ日本人は病気でもないのにマスクをするのか？

日本の変身ヒーローといえば、仮面ライダーや戦隊ヒーローものが有名だ。変身して超人的な力を手に入れ、悪と戦うヒーローたち。その大きな特徴は、敵を倒す大技を繰り出す際に、その技の名前を大きな声で宣言すること。仮面ライダーの「ライダーキック」がそれだ。もう一つの特徴は、顔全体を覆うマスクによって正体を隠していること。

一方、アメリカのヒーローであるスーパーマンやバッドマンなどは、必殺技を宣言することはない。顔を隠しているといっても目のまわりだけ。口元はあらわだ。欧米の文化では、口を隠すことなく堂々と自分の意見を言う人物こそが、ヒーローとして信用できるということなのだろうか。

ところが口を隠しているのは、変身ヒーローに限った話ではない。ヒーローに変身できない日本の一般人も、風邪を引いているわけでもないのに、マスクで口元を隠す人が多い。日本を訪れた外国人にはとても不思議に思えるらしい。

英語でどう答える？⑤

「なぜ日本人はみんなマスクをしているの？」と聞かれたら…

Just because people wear masks doesn't mean they are sick.
Most wear them to avoid getting germs from others.
（マスクをしている人がみんな病気ってわけじゃない。うつされないためという理由の人も多いんです）

マスクの役割は、本来、風邪などを他人にうつさないようにというもの。だから、海外ではマスクをつけていれば、「病気である」と見なされることが多い。

一方、日本では、風邪を引いていなくてもマスクをしている。その理由は、いくつかある。インフルエンザや風邪が流行っている時期に外出して、他人から病気をもらわないという理由だ。「他人にうつさない」ではなく、「他人からうつされないように」と予防の意味を考えるのだ。花粉症の人が症状を抑えるためマスクをしていることも多い。

さらには、病気や花粉症などに関係なく、マスクをつける人もいる。これには「表情を隠したい」「他人の視線が気になる」「ノーメイクを隠したい」などの理由がある。「伊達マスク」だ。ある調査によると、マスクをつけた人の三割が伊達マスクだったという。日本では、マスク姿だからといって病人と決めつけてはいけないのだ。

85 葬式は寺で初詣は神社、クリスマスも…なぜ日本人は宗教を気にしない？

結婚式は教会で行い、子供が生まれたら神社へお宮参り。そして死んだらお寺でお葬式。外国人が聞いたら、どの宗教を信じているのですか？　と首をひねるかもしれない。しかし、日本人にとっては、当たり前のこと。なぜか。

日本人は昔から、外国の文化を受け入れて、アレンジすることがうまかった。宗教行事もそれと同じと考えていいだろう。

例えばクリスマス。クリスチャンでない人もケーキを買ってツリーを飾り、プレゼントを交換する。欧米の習慣にならったと思いがちだが、生クリームとイチゴでデコレーションされたクリスマスケーキやチキンを食べるのが定番なのは日本だけという。12月25日ではなく、24日のクリスマスイブが「本番」で盛り上がるのも、日本ならでは。恋人とデートする日と思い込んでいる向きも多いかもしれないが、欧米では家族で過ごすのが主流だ。

このように、本来は宗教行事であっても、日本流にアレンジされていく過程で宗教色がどんどんなくなり、宗教とは関係のないイベントとして独自の進化を遂げていった例は多い。バレンタインデーにチョコレートを贈る習慣も、ハロウィンの仮装も同様だ。商業主義と批判される場合もあるが、宗教や他国の文化に寛容な国民性と考えることもできるだろう。

また、もともと日本人が宗教を「気にしない」こともあるだろう。日本は仏教国と言われることもあるが、そもそも日本人は昔からお寺も神社も混同して考えてしまう傾向があった。節分の豆まきはお寺でも神社でも行われるし、初詣も成田山新勝寺や川崎大師などが毎年多くの参拝客を集めている。神社にだけお参りに行くわけではないのだ。豆をまいて災いを払ったり、年の初めに希望や夢が叶うようにお参りしたりという行為、すなわち「イベントを楽しむこと」が大切なのであって、宗教が大事なのではないようだ。

86 日本人にはどうして心配性の人が多いのか？

日本で暮らす外国人が、駐車場に書いてある「前向き」という表示を見て、すぐには前向き駐車のこととは気づかなかったという。もちろん車を停めた人を励ましているわけではないのだが…。

でも、励ましてあげたくなるほど、日本人の多くが悩みや不安を抱えているかもしれない。実際、アメリカのある広告代理店の調査では、「何か心配事がありますか」

という質問に日本人の約9割が「はい」と答えたという。アメリカの約7割、フランスの約4割、中国の約3割と比べて非常に高かったというのだ。

日本人は心配性なのだろうか。それについては、科学的な裏付けもあるようだ。日本人の多くが「不安遺伝子」、わかりやすく言うと「不安になりやすい」遺伝子を持っているという。

脳内の神経伝達物質の一つにセロトニンがあるが、これが少なくなると不安を感じたり、うつ病を引き起こしたりするおそれがあることはさまざまな研究で示されている。このセロトニンの量を調節している遺伝子には「S型」と「L型」の2種類がある。S型を持っているとセロトニンが少なくなってしまい、不安を感じやすくなってしまうという。

ある研究では、日本人の9割以上が、このS型を持っているとされている。ようするに、ほとんどの日本人は「不安になりやすい」傾向を持っているということ。ちなみにアメリカ人は6割~7割だという。

日本人が、ストレートな感情表現が苦手で集団行動を好むのも、この不安遺伝子のせいかもしれない。自己主張をして嫌われたらどうしようと考えすぎてしまうのだ。ただし、不安になりやすい人は心配性なので事故に遭いにくい、集中力や記憶力に優れているなどとする研究もある。

87 「あなた」「君」はては「自分」…相手の呼び方がやたら多いのはなぜ？

子どもを連れている女性が、夫のことを「お父さん」と呼ぶのはよく見かける光景だ。もちろん、その女性とお父さんと呼ばれた男性は、夫婦であって親子ではない。他にも小さな男の子に「ボク、何歳？」と語りかけたりもする。ボクとは本来は自分のことだが、この会話では目の前の小さな男の子のこと。

日本語では、どうして相手に対する呼び方が、こう場面によって変わってくるのだろう。外国人には、とてもわかりにくい。

理由の一つとされているのが、日本では「子どものいる集団の中では、最も年齢が若い人の目線」で呼び方を決めるという暗黙のルールがあることだ。子どもの目線に立てば、夫は「お父さん」だし、自分は「ボク」だ。なるほど、スッキリする。

また、日本語で相手を指す言葉には「あなた」「君」「貴様」「お前」「てめえ」などがあるが、このうち「お前」と「てめえ」は、もともと自分のことを指す言葉だった。「お前」は「御前《おんまえ》」、つまり、「あなたの前に控える私」の意味だし、「てめえ」は漢字で書くと「手前《てまえ》」。古風な言い方ではあるが、今でも自分を意味する言葉として使われている。

もともと自分のことを指す言葉が、相手を意味する言葉として使われるようになるなど、そもそも日本語では自分と相手を指す言葉の区分けが曖昧なのだ。今でも関西では「自分」という言葉が、文字通り自分のこともあるし、会話の中では相手を指す場合もある。

他にも、日本語では目の前にいる人を、「あなた」などと二人称代名詞で呼ぶことは失礼になると考えられていた、という経緯もあるようだ。

現在でも、会社の上司を「あなた」と呼べば失礼だし、取引先に対して「君《きみ》」と呼びかけでもしたら大変だ。部長や社長など肩書で呼ぶのも相手に対して失礼にならないようにという配慮からだろう。

88 なぜ日本の女性は赤いチークをするのか？

世界三大美女といえば、エジプトの女王「クレオパトラ」、中国の「楊貴妃」、そしてもう一人は…。三人目を「小野小町」とするのは日本だけ。海外では、ギリシャ神話にあるトロイ戦争の原因にもなった「ヘレネ」が一般的だ。

このクレオパトラが愛用したメイクが、頬紅とされている。いわゆるチークだ。クレオパトラのような美人でも、やはりさらなる美を求めて化粧をしたと思うと、女性の美を追求する気持ちに終わりはないのだろう。

クレオパトラではなくとも、日本女性でも自分を美しく見せるための化粧には余念がない。ファンデーションを丁寧にしっかりと塗り、眉を整え、アイラインやチーク、口紅もしっかりと引く。

そのためか、外国人からは「日本の女性は、きちんとメイクアップしている」と見えるようだ。その中には「化粧が濃い」という声も…。そう言われてみると、欧米の女性では、たしかにナチュラルメークが多いような気もする。

それでは、なぜ日本の女性は「化粧が濃い」のか？　じつは日本には昔から「濃い化粧」の文化があるのだ。伝統芸能である歌舞伎では、顔全体を白く塗った上で、赤や青、黒で極端なメイクをする。芸者さんも顔から襟元までを真っ白に塗り終わった後に、口紅をさすことで、白い顔に黒目と赤い唇が強調されて美しく見える。

さらに、時代をさかのぼり、有史以前の日本の様子を記した「魏志倭人伝」には、「身体に朱丹を塗っている」という記述がある。朱丹とは、赤い色のこと。古代から顔や身体に赤い色を塗っていたのだ。理由は、赤い色が災厄を除けると信じられていたからという。さすがに現代の若い女性が、厄除けの意味で頬を赤く染めることはないだろう。ただ、古代のこれらの風習が脈々と受け継がれ、形を変えながらも現代の女性の化粧に影響を与えていることはあるのかもしれない。

89　ダルマはなんで赤くて丸いの？

世界中のさまざま宗教には、修行がつきもの。なかでも厳しい修行として知られているのがインドのヨガの修行、日蓮宗の「大荒行」、天台宗の「千日回峰行」で、世界三大荒行と呼ばれている。

とりわけ千日回峰行は、険しい山道を1日48キロ、118カ所の祠《ほこら》などでお経を唱えながら回る苦行。午前0時過ぎに出発し、歩き終えるのが夕方になってしまうとか。これを年間約120日連続で行い、足掛け9年をかけてやり遂げる。過去1300年の歴史の中で、この荒行をなしえたのは「わずか2人」という凄まじさだ。

仏教の一派である禅宗でも、伝説的な修行をした人物がいる。禅宗の開祖である達磨大師だ。壁に向かって9年間も座禅を組み続けたせいで、手足が腐ってなくなってしまったという。日本人には、縁起物として親しまれているダルマのモデルだ。

禅宗は鎌倉時代に日本に伝わり、その頃から禅宗の寺には手足のない人をかたどったものが置かれるようになったという。ダルマの原型で、それが江戸時代になると赤く染められるようになった。その理由には諸説あるが、禅宗では最高位の大僧正が赤い法衣をまとうことから、達磨大師をモチーフにしたダルマも赤く塗られたとされている。

また、赤は太陽や火を表す色で、病や災いを防ぐ魔除けの効果があると考えられていた。江戸時代には天然痘が流行したこともあり、赤色で病を防ぐという意味からダルマも赤くなったという説もある。

ただし最近は、赤以外にも黄色や緑、青、紫、ピンクなどカラフルなダルマが作られるようになった。それぞれの色には意味があり、例えば黄色は金運アップ、緑は健康運アップ、ピンクは恋愛成就などに効果があるとされる。自分の願いごとにぴったりのダルマを選ぶのがトレンドなのだ。

90 ダルマの目、右と左どちらから先に入れるのが正しい？

何かしらの心配ごとや困りごとがあったとき、多くの日本人は神様や仏様にお願いする。この「願掛け」は古くからの日本の風習だが、お隣の韓国でも受験生の願掛けグッズとしてティッシュペーパーが人気だとか。これは、「鼻をかむ」と「問題を解く」という単語が韓国語ではどちらも「プルダ」で、「問題がよく解けますように」という意味らしい。

日本にもさまざまな願掛けグッズがあるが、伝統的なものといえばダルマ。ダルマは通常、両目が入っていない状態で売られていて、買ってから願いを込めて片目を入れ、願いが成就したらもう片方の目を描き入れるという習わしだ。

これは、「開眼《かいげん》」、すなわちダルマに「魂を入れる」ことに由来する。それが、願掛けと結び付いたのには諸説あるが、ダルマの生産で全国80％のシェアを持つ群馬県高崎市の「高崎だるま」によると、その昔、蚕が良い繭を作るようにとダルマの左目（向かって右）にだけ目を入れて願を掛けたのが、商人に広まっていったとする説がある。また、江戸時代に天然痘が流行したときに、目のないダルマを用意して、お客の要望に応じて目を描き入れていたのが、「目無し」で売って、購入したお客が自分で目を描き入れるという習慣につながったとされている。

それでは、ダルマの右目と左目、どちらを先に入れるのが正しいのか。じつは、明確なルールはないようだ。ただし、お寺と神社では違うようで、お寺では右目（向かって左）、神社では左目（向かって右）を先に入れることが多い。高崎だるまでは、向かって右から入れるのが正しいとしているため、他の生産地でも、高崎と同じところが多い。「右に出る者はいない」という言葉があったり、向かって右が上手とされているからという説もある。このように決まりはないのだから、目を入れる順番を間違えたといって、願いが叶ったり叶わなかったりすることはないからご安心を。

91 鬼の姿はなんで虎のパンツに牛の角になったのか？

日本でサンタクロースと言えば、赤い服に白いひげのイメージだが、これは、どうやらアメリカの影響らしい。イギリスではサンタクロースを「ファーザークリスマス」と呼び、服も緑色だという。このように、名前を聞いただけで、その典型的な姿やカタチのイメージを連想してしまうケースは多い。

それでは、日本で「鬼」と言うと、どんな姿をイメージするだろうか。毎年２月の節分の頃に出回る節分グッズに描かれている鬼のイラストの多くは、赤っぽい色をした身体に虎柄のシマシマのパンツ、そして頭には牛の角が生えている。これはなぜだろうか。

これは、鬼がいるとされる方角、つまり「鬼門」が北東であることに由来する。昔の中国では、方角を十二支を使った方位で示す習慣があった。北が「子《ねずみ》」で東が「卯《うさぎ》」、南が「午《うま》」で西が「酉《とり》」だ。それで示すと鬼門である北東は「丑《うし》」と「寅《とら》」の間になる。そこから、鬼門は丑寅となり、鬼とは「牛の角を持ち、虎の毛皮をまとっている」と考えられるようになったのだ。

この鬼のイメージは、鎌倉時代以降に日本にも定着し、現在の日本では「虎柄のシマシマのパンツと牛の角」が鬼の定番のスタイルと言える。

ちなみに、鬼がいるとされる北東の鬼門に対し、その反対の南西を「裏鬼門」と呼ぶ。この方角には、干支では「申《さる》」「酉《とり》」「戌《いぬ》」がいるとされている。ここから、鬼退治で知られる桃太郎の物語で、お供となった動物がサルとキジと犬になったとされる説がある。

なお、節分に豆をまいて鬼を退治する風習は、1000年以上前からあったとされている。大豆には霊的な力があり、それが災いをもたらす鬼を退治すると考えられていたのだ。

92 お見舞いに贈ることが多い千羽鶴。どんな意味があるの?

日本にはユニークな記念日がいくつもある。例えば4月11日は「ガッツポーズの日」。1974年のこの日に、ガッツ石松が世界チャンピオンになったことに由来する。それでは、11月11日は？　1が４つ並ぶことから正方形の折り紙を表すとして、１９８０年にこの日が「おりがみの日」として制定されている。

さて、日本人なら子どもの頃に折り紙をして遊んだことがあるだろう。遊びとしての折り紙が生まれたのは室町時代で、江戸時代に庶民に広まった。折り鶴が文献に登場したのも江戸時代で、着物の模様にも折り鶴が描かれるなどポピュラーだった。

１７９７年に京都で出版された「秘伝千羽鶴折形」では、一枚の紙に切り込みを入れて、多数の折り鶴が繋がった形に折る「連鶴」が紹介されている。千羽鶴が始まったのもこの頃と考えられ、俗に「鶴は千年、亀は万年」と言われるように、長寿のシンボルである鶴を折ることで長寿や病気の回復が叶えられると信じられたのだ。千羽折ることについては、この「鶴は千年」から来ているといわれるが、千羽は数の多さを意味するだけで、必ずしも千羽折る必要はないという説もある。

また千羽鶴は、平和のシンボルとして世界に広がっている。これは、広島で被爆し原爆症で死亡した佐々木禎子さんが、自分の延命を祈って作ったのが由来だ。このエピソードは、カルル・ブルックナーやエレノア・コアなど英語圏の作家によって紹介され、広く知られるようになった。これにより、彼女をしのんで作られた原爆の子の像には世界中から千羽鶴が送られ、供えられている。

なお、最近では、鶴の色が美しいグラデーションになるように、千羽鶴用の折り紙キットが販売されているほか、折る時間のない人のために「完成した千羽鶴」も販売されているという。

93 北枕が縁起悪いのはなぜ？

睡眠時間の短いことで歴史上有名なのはナポレオンで、一日3時間しか寝なかったとか。ワーカーホリックだったという発明王エジソンは、毎日4時間だけ。偉業を成し遂げた人にはショートスリーパーが多いのかと思いきや、20世紀最高の天才ともいわれるアインシュタインは、10時間以上のロングスリーパーだったという。変わっているのはレオナルド・ダ・ヴィンチで、4時間ごとに15分の睡眠をとっていたそうだ。偉人は眠り方さえ自己流を貫いたようだ。

眠り方の流儀といえば、日本には「やってはいけない」ルールがある。北枕だ。

北枕とは頭を北側に、足を南側に向けて寝ること。枕を北側に置くと「縁起が悪い」とされるのだ。なぜか。日本では人が亡くなった後にお通夜を行う風習があるが、そこでは、遺体を北枕で寝かせる。つまり、北枕とは亡くなった人の寝かせ方なのだ。

この起源は、仏教を起こしたお釈迦様の入滅にある。お釈迦様がなくなるときに、北の方向に頭を向けていたという説話から、「亡くなった人は北枕。だから生きている人は、北枕で寝てはいけない」という風習が生まれたとされている。

ただし、仏教では北は涅槃、つまり「悟りにより煩悩を滅した境地」の象徴。亡くなった人の頭を北に向けるのは、「すみやかに涅槃に入ることができるように」という想いからだ。そうすると、「北枕＝亡くなった人の寝かせ方＝縁起が悪い」というよりも、「北枕＝悟りの境地に達するための寝かせ方」と言えるのでは？　亡くなった人だけでなく、生きている人がそうやってもいいのではないか…。そう思っていたら、仏教が生まれたインドや仏教国のタイでは、「北枕で寝てはいけない」というルールはないという。つまり、仏教由来だが日本オリジナルなのだ。

ちなみに、北枕は健康に良いという説もある。頭を北に向けると、南北に流れる地磁気の流れに沿って身体が平行になり血流が良くなるという理屈だ。しかし、地球は丸いので、北枕にしたからといって、地磁気に平行になるわけはないのだが…。

94 神社の鳥居はなんで赤い？

長らく続いているスピリチュアルブーム。特に若い女性の間で、神社やお寺などを巡って恋愛成就を祈願したり、開運のお守りなどを買ったりするのが流行っている。日本古来の神様を祀っている神社にあるのが鳥居だ。この鳥居、赤色に塗られているのが多いのはなぜだろうか。

そもそも日本では、赤色は火や太陽、生命を表す色とされ、悪霊や災厄を払う力があると考えられてきた。これを神社の入口にある鳥居に使うことで、神社の中に悪い霊や気が侵入するのを防いでいるのだ。また、赤色の顔料となる朱は水銀を原材料としており、昔から木材の防腐剤として使われてきたという実用的な面でのメリットもあった。

ちなみに、鳥居の色は赤ばかりではない。鳥居に赤が多いのは事実だが、赤以外の鳥居ももちろんある。白や黒の鳥居もあるのだ。鉄製の茶褐色の鳥居もある。

有名のところでは、伊勢神宮や出雲大社には白い鳥居がある。もちろん白といっても真っ白に塗られているわけではなく、皮を剥いだ白木の色だ。ただし、五穀を司る倉稲魂命《うかのみたま》を祀った稲荷神社の鳥居は赤が基本。その他の神社の鳥居も赤色が多い。

なお、鳥居の語源は、天照大御神を天の岩戸の中から誘い出すのに鳴いた「鶏が止まった木」に由来するという説がある。その他にも「通り入る」という言葉が転じたとする説、建築用語の「鳥居桁」が転じたとする説がある。

95 狛犬と獅子とシーサー、元をたどれば同じもの？ ☆18

日本人は妖怪が好きだ。アニメにもなったテレビゲーム「妖怪ウォッチ」、水木しげるの漫画「ゲゲゲの鬼太郎」は何度もテレビアニメ化されている。妖怪の類、つまり想像上の生き物は、古くから日本人の暮らしに入り込んでいた。

日本には八百万の神がいるとされ、いろいろなものが「神の使い」とされている。その代表格が「狛犬《こまいぬ》」と「獅子」だ。２体が１対となって神社などに祀られているのを見たことがあるだろう。

どちらが狛犬でどちらが獅子か、パッと見て区別はつくだろうか。外国人に聞かれたら何と答えてあげようか。

見分け方は簡単だ。これらは2体で「阿吽《あうん》」を示している。口を「あ」のかたちに開けているのが獅子、口を「うん（ん）」と閉じているのが狛犬。狛犬には角があるのでそれでもわかる。「あ」はサンスクリット語の最初の文字で、「うん（ん）」は最後の文字、つまりこの2体でさまざまな物事の始めと終わりを示している。

もちろん、獅子も狛犬もライオンや犬に似た想像上の動物だ。最近では、獅子も狛犬も関係なく、両方を同一視して「狛犬」と呼ぶのが一般的になってきたらしい。

さて、同じような想像上の動物は沖縄にもいる。「シーサー」だ。獅子や狛犬が神社仏閣に置かれているのに対し、シーサーは一般の庶民の家にも置かれている。建物の屋根や門などに設置され、魔除けとして用いられている。

獅子、狛犬、シーサーと呼び名は異なるものの、古代のエジプトやイランなどのオリエント地方からインドの広い地域で守護神としてライオンの像を設置していたのが源流といわれている。百獣の王と呼ばれるライオンは、世界各国で崇められていた。

その信仰がシルクロードを伝わって、中国、朝鮮半島へと渡り、日本では獅子や狛犬、シーサーとして定着した。日本にはライオンがいなかったので、想像が膨らんで、いろいろな姿に分かれていったのだろう。形や呼び名が異なるが、大本を正せば同じものと考えられている。

96 阿吽の呼吸の金剛力士像、どっちが阿でどっちが吽？

サッカーはパスの出し手と受け手の呼吸が大事だ。ボールを持つ選手は、対戦相手に意図がばれないように、味方にパスを送る。その際によく用いられるのが、アイコンタクト。パスの出し手が受け手と目を合わせる。その一瞬にパスの意図を伝えるのだ。

このように、２人の人間がピッタリのタイミングで行動を起こすことを「阿吽の呼吸」と呼ぶ。「あ」は口を開いて出す音、「うん（ん）」は口を閉じながら出す音なので、「息を吐く」「息を吸う」という呼吸をイメージさせ、「息を揃えての行為」を意味するようになった。

この「阿吽」はもともとサンスクリット語が起源である。前述のように、サンスクリット語では最初の音が「あ」、最後の音が「うん（ん）」とされることから、さまざまな物事の始めと終わりを示している。仏教の世界では「阿吽」がよく用いられる。

例えば、お寺の門に左右に設置されている金剛力士像は、2体でセットになっており、一方が「阿形像」、他方が「吽形像」と呼ばれる。

両者の違いは口の形で識別できる。「阿形像」は、口を「あ」の形に開いている。逆に「吽形像」は「うん（ん）」の形に口を閉じている。多くは右側に「阿形像」、左側に「吽形像」が配置されることが多いが、必ずしもそうとは限らない。

なお、金剛力士像が門に設置される理由は、お寺の出入り口の警備である。金剛力士は、普段は穏やかな帝釈天が怒ったときに変化する姿。怒ると2つの体に分離して、仏敵と戦うのだ。その姿が金剛力士と呼ばれるのである。だから金剛力士は2つの像として作られる。そして2体の金剛力士は、仏敵がお寺に入ってこないように、門のところで睨みを利かせているのだ。

ちなみに、現存する金剛力士像は状態が悪化しているものが多い。それは門に設置されるために、永年にわたって風雨に晒されてきたからだ。ガードマンの悲しい宿命である。

97 日本人は一人ひとりに「Ｍｙ箸」があるのはなぜ？

東京は世界各国の料理を味わうことのできる街だ。フレンチやイタリアン、中華料理、タイやベトナム料理などのアジア料理、アフリカ料理も楽しめる。さて、それらの料理を食べるときに使うのはナイフとフォーク、それとも箸？　ある調査によると、全世界で約３割の人がナイフやフォークを使い、箸を使う人も同じくらいだという。残りの人たちは…。そう、手で食べているのだ。

ところで、箸を使う国の中でも日本の箸文化は独特とされている。中国や韓国では食事を取り分けたり、汁物（スープ）を飲んだりするのにスプーンやレンゲなどの「匙《さじ》」を主に使い、箸を補助的に使用する文化とされているが、日本は箸を中心に使う。

しかも、各家庭では、それぞれ「自分の箸」が決められているし、子どもには少し小さな子ども用の箸も用意される。もちろんお客様専用の箸も準備されている。

ここまで細かく分けられている理由は、日本料理がもともと「一汁三菜」を基本に、一人ひとりに盛り付けられた料理であったからとされている。同じアジア圏でも中華料理は、大皿に盛った料理をみなで取り分けることが多い。それに対して各人が自分用に盛り付けられた料理を自分の茶碗と箸を使って食べるのが日本の食文化だったのだ。

さて、この食文化は外食にも少なからず影響した。「割り箸」だ。江戸時代、料理屋で使われる割り箸は、今のように2本がくっついて1つにはなっていなかった。ところが、ある料理屋の人気をねたんだライバルが「あそこの店は箸を使い回している」という噂を流したため、それに対抗して客が使う直前に割る現在の「割り箸」が普及したという。ようするに、「各人に一膳の箸」を徹底したのだ。

ちなみに、「割り箸」という言葉は、「割って使う」からではない。もともと、木を割って作った箸なので、2本がくっついていなくても「割り箸」と呼ばれていたとされている。

98 料理屋さんなどの隅に置かれている「盛り塩」の意味は？

おしゃれな洋服を売るブティックやレストランなど店舗が成功する秘訣の一つにリピーターの獲得がある。リピーターとは、その店舗の商品や接客などのサービスを気に入って、繰り返し、定期的に来店する客のこと。リピーターが増えていくにつれ、店舗の売上げも増加し、経営も安定してくる。

多くの経営者は、ポイントカードを発行したり、会員向けの特別セールを実施したり、いかにしてリピーターを増やすかに知恵を絞っている。その古典的な方法の一つとも言えるのが、飲食店にみられる「盛り塩」だ。店舗の入り口に置いた小さな皿の上にピラミッドのように塩を盛り上げる習わしで、これは「お客を招く」という願いを込めて置かれるとされている。

どうして、この盛り塩がリピーター獲得のための古典的な手法なのだろうか。それは3世紀から5世紀に栄えた中国の晋の時代の故事に由来する。後宮にいる女性が、夜、国王に自分のところを訪ねてもらえるように自宅の前に塩の汁を撒いたという。国王が乗る車を引いているのは牛。牛は塩を舐める習性があるので、それを利用して国王を繰り返し自宅に呼び寄せ、寵愛を受けようとしたのだ。

ただし、この説は俗説で、もともとは、日本古来の神道で塩をお清めのため供える風習があったことに由来するという説もある。仏教でも、葬式の後に塩を撒く風習がある。これらが日常生活に入り込んで、今の盛り塩という風習につながったという説だ。

ちなみに塩はサラリー（月給）の語源でもある。古代ローマ時代には兵士の給料として塩が使われていた。塩は英語で言うとソルトだが、ラテン語ではサラリウムとなる。それが、月給という意味のサラリーの語源とされている。

99 日本の道路が静かで、あまりクラクションを鳴らさないのはなぜ？ ☆19

騒音というのは、じつは人間の寿命に大きく影響するらしい。世界保健機関（WHO）の調査によると、ヨーロッパ各国では騒音によって、本来なら健康にイキイキ暮らせるはずの「健康生存年」が短くなっているという。各人で失われた時間を合計していくと、年間「１００万年」もの時間が失われたことになるという。ヨーロッパの国々は、「そんなにも騒音がひどいのか」と思ってしまうが、じつはそうでもないらしい。ようするに、普通に生活しているぶんには気にならないような音でも、人の健康には微妙に影響することがあるということだ。

さて、日本は世界の国々と比べると静かな国とされている。電車の中やレストランなどでは、他人の迷惑にならないように配慮し、大声を出さないように会話する。笑い声も控えめだ。何よりも道路を走る車のクラクションがあまり聞こえない。日本を訪れた外国人の多くは不思議に感じるという。なぜ、日本人はクラクションをほとんど鳴らさないのか。しかも、信号が赤から青信号に変わったのに気づかずに止まったままの車があっても、鳴らすクラクションは、「プッ」とごく軽いもの。「青ですよ〜」と注意を促す程度だ。これが外国では違う。「ブッ、ブッー」と2台も3台も後ろの車からも鳴らされるというのだ。

なぜだろうか。理由はじつは簡単だ。道路交通法でむやみにクラクションを鳴らすことが禁じられているからだ。違反すると「警音器使用制限違反」で2万円以下の罰金となることもある。これは、自動車教習所でも習う。とはいえ、法律を守ってクラクションを鳴らさないという人ばかりでもないだろう。最近では「クラクションを鳴らして、相手とトラブルになったらイヤ」という声も聞く。そう、日本人は、電車に乗るときには整列乗車だし、横断歩道を渡るときには車が走っていなくても青信号になるまで待つ。ルールを乱して、無用な争いが起きるのを嫌う国民性であると言えるのだ。

100 なぜ日本人は電車でもお店でもきちんと行列ができるのか？ ☆20

聖徳太子と言えば、604年に日本初の憲法とされる十七条憲法を制定した偉人として知られている。その肖像画は1930年に当時の百円札に使用されてからというもの、千円札、五千円札、一万円札と都合7回も登場し、最も多く紙幣の顔となった人物だ。

その聖徳太子が大切にしたのが、日本人の「和」である。十七条憲法の第一条で「一に曰く、和を以て貴しと為し、忤《さか》ふること無きを宗とせよ」としている。つまりは、「仲良く協調していくことが大切。お互いに争いをしないように」という意味だ。

そう、日本人は１４００年以上も前から、お互いに争いごとを避けて、調和すること、協調することを心がけてきたのである。

このことは、日本人のＤＮＡとして受け継がれ、さまざまな形で表れている。例えば、駅のホームで電車に乗るとき、「きちんと整列乗車をする」日本人の姿を見て外国人は驚くという。スーパーのレジでも銀行のＡＴＭコーナーでも、長い行列ができていても、礼儀正しく並ぶのが日本人だ。急いでいるときなど、並んで余計な時間がかかるのは確かに困りものだが、割り込みなどのルール違反をして和を乱し、無用な争いごとを起こすことのほうがもっと嫌だと日本人は感じるのだろう。

また、小学校や中学校でも、学校内を移動するときや体育などの授業、遠足など郊外学習を通じて、「きちんと行列を作ること」をしっかりと教え込まれてきた。家族で出かけたときでも、例えば電車に乗るときには「整列乗車で、降りる人が先」ということを教えられてきた。駅、レストラン、映画館、スーパーなど、並んで自分の順番が来るまで待つという習慣が、学校と家庭の双方で教え込まれていたのだ。これらのことが、日本人としてのメンタリティの形成に大きく影響してきたと言えるだろう。

（了）

☆ 18

・「神社の狛犬と獅子の違いは？」と聞かれたら…

The mouths of guardian lion statues are open, while those of guardian dogs remain closed.

（口を「あ」と開けているのが獅子、「うん（ん）」と閉じているのが狛犬です）

☆ 19

・「日本人はなぜクラクションを鳴らさないの？」と聞かれたら…

One reason is that indiscriminate horn honking is expressly banned in Japan's road traffic law.

（道路交通法で、むやみにクラクションを鳴らすのを禁じていることも理由の一つです）

☆ 20

・「なぜ日本人は電車でもお店でもきちんと行列できるの？」と聞かれたら…

This is said to reflect the teachings of the great Prince Shotoku, who stressed the importance of upholding the spirit of "wa" (harmony).

（「和」を大切にした聖徳太子という偉い人の精神を守り続けてきたから）

☆15

・「なぜ日本人は桜が好きなのか？」と聞かれたら…

With the Japanese having been fond of cherry blossoms since the Heian period, around 1,200 years ago, perhaps this is a common sense Japanese people have by nature.

（１２００年も前の平安時代から日本人は桜が好き。ＤＮＡと言えるでしょう）

☆16

・「サムライはなぜチョンマゲなのか？」と聞かれたら…

Samurai shaved their foreheads to avoid getting hot and sweaty inside the warrior helmets they typically wore in battle.

（鉄の兜は頭が蒸れるので、頭頂部を剃っていたのです）

☆17

・「神社とお寺で、お参りの仕方が違うのはなぜ？」と聞かれたら…

Because Shinto (shrines) and Buddhism (temples) are separate religions, the methods of worship are also different.

（神道と仏教で宗教が異なるため、お参りの方法が違います）

☆12

・「握り寿司はどこで生まれたのですか？」と聞かれたら…

The origin is believed to be a sushi shop in what is now the Ryogoku area of Tokyo's Sumida Ward, which flourished during the Edo period.

（江戸時代に今の墨田区両国にできた寿司屋が繁盛したのが発祥とされています）

☆13

・「もり蕎麦とざる蕎麦の違いって何？」と聞かれたら…

Besides sprinkling shredded seaweed on morisoba and not on zarusoba, in the past different sauces were also used for dipping these needles.

（刻み海苔がかかっているかどうかではなく、昔はつけ汁も違ったそうです）

☆14

・「ニホンとニッポン、正しい読み方はどっち？」と聞かれたら…

Both pronunciations are correct, although "Nippon" is older.

（両方正しいのですが、より古い呼び方はニッポンです）

☆8

・「狭い日本でなぜいろいろな方言があるの？」と聞かれたら…

In older times, Japan was a collection of various small countries, each with its own language patterns.
（昔の日本は小さな国の集まりで言葉が少しずつ違っていたのです）

☆9

・「新宿の歌舞伎町は、なぜ歌舞伎町と言うの？」と聞かれたら…

That name dates from soon after the end of World War II, when there was a plan to build a Kabuki theater in that area.
（終戦後、歌舞伎を上演する劇場が建設される予定だったから）

☆10

・「日本の郵便ポストはなぜ赤い色なの？」と聞かれたら…

Because black mailboxes were difficult to see at night, the color was changed to red.
（黒いポストは夜になると見えにくく、赤い色に変わりました）

☆11

・「日本の首都はＴＯＫＩＯ デスカ？」と聞かれたら…

Japan does not have a law that specifically determines the location of any “national capital.”
（日本の首都がどこかを決めた法律はありません）

☆4

・「警察への通報が 110、消防が 119 なのはどうして？」と聞かれたら…

The first number used was “112,” but that resulted in a steady stream of wrong number calls.

（最初「112」にしたら、間違い電話が続出したためです）

☆5

・「日本のパトカーはなぜ白と黒なの？」と聞かれたら…

Japan’ s very first police car adopted the same black and white color scheme used on American squad cars.

（パトカー第 1 号を、アメリカのパトカーと同じように白と黒に塗り分けたから）

☆6

・「東京ドームってどれくらい広いの？」と聞かれたら…

If Tokyo Dome were a large bathtub, it would take over 100 years to fill it with hot water.

（大きなお風呂に見立てたら、お湯をためるのに 100 年以上かかります）

☆7

・「能と狂言は何が違うの？」と聞かれたら…

With television as an analogy, Noh plays are like serious drama, while Kyogen plays are closer to comedy shows.

（「能」はシリアスなドラマ、「狂言」はお笑い番組といえるでしょう）

巻末付録～英語でどう答える？～

※いろいろな表現の仕方がある中で、答え方の一例を紹介します。

☆1

・「お城の屋根に魚（シャチホコ）が載っているのはなぜ？」と聞かれたら…

Those statues are a lucky symbol believed to help ward off fires.

（火事が起きないようにというオマジナイです）

☆2

・「東京の街がどこも、いつもきれいなのはなぜ？」と聞かれたら…

That' s because recycling of wood shavings, old fabric and other waste has been continued since the Edo period of Japanese history.

（江戸時代から木くずや古い布などをリサイクルしてきたから）

☆3

・「日本のタクシーはなんで自動ドアなの？」と聞かれたら…

Such doors were introduced with the idea of furnishing greater hospitality (omotenashi) to overseas visitors.

（外国からのお客様を「おもてなし」しようと導入されました）

おもな参考文献

「日本の誕生」（吉田孝・岩波新書）／「かぐや姫と古代史の謎」（中津攸子・新人物往来社）／「弘法大師空海『即身成仏』この世で、この身のままで仏に成れる」（池口恵観・ロング新書）／「日本人はなぜ無宗教なのか」（阿満利麿・ちくま新書）／「江戸の化粧」（渡辺信一郎・平凡社新書）／「禅とは何か」（水上勉・新潮選書）／「日本人のしきたり」（飯倉晴武編著・青春新書インテリジェンス）／「改訂版 つなぎ折鶴の世界」（岡村昌夫・本の泉社）／「日本人は外国人にどう見られていたか」（「ニッポン再発見」倶楽部・知的生きかた文庫）／「東京都謎解き散歩」（樋口州男編著・新人物文庫）／「知っているようで知らない 日本語のヒミツ」（三上文明著・野口元大監修・成美文庫）／「日本の風習」（武光誠・青春出版社）／「日本人の知らない日本語1・2・3」（蛇蔵&海野凪子・メディアファクトリー）／「世界で一番おもしろい地図帳」（おもしろ地理学会編・青春出版社）／「時間を忘れるほど面白い雑学の本」（竹内均編・知的生きかた文庫）／「雑学新聞」（読売新聞大阪編集局・PHP文庫）／「つい誰かに話したくなる雑学の本」（日本社・講談社＋α文庫）／「雑学王② 話のネタ300連発」（博学こだわり倶楽部編・河出書房新社）／「雑学帝王500」（北嶋廣敏・中経の文庫）／「雑学図鑑 知って驚く!! 街中のギモン100」（日刊ゲンダイ編・講談社＋α文庫）／「いますぐ使える 知って得する 雑学あれこれ」（須田諭一編著・里文出版）／「ブリタニカ国際大百科事典 小項目版」（電子版 ロゴヴィスタ）ほか。

おもな参考サイト

『「清酒の製法品質表示基準」の概要』（国税庁）／「与兵衛鮨発祥の地」（墨田区教育委員会）ほか。

青春文庫

日本人《にっぽんじん》の9割《わり》が答《こた》えられない
日本《にっぽん》の大疑問《だいぎもん》100

2016年1月20日　第1刷
2017年6月25日　第4刷

編　　者　話題《わだい》の達人倶楽部《たつじんくらぶ》

発 行 者　小 澤 源 太 郎

責任編集　株式会社プライム涌光

発 行 所　株式会社青 春 出 版 社

〒162-0056　東京都新宿区若松町 12-1
電話 03-3203-2850（編集部）
　　03-3207-1916（営業部）
振替番号　00190-7-98602

印刷／中央精版印刷
製本／フォーネット社

ISBN 978-4-413-09636-2

ほんとうのあなたに出逢う ◆ 青春文庫

真田丸の顚末
信繁の武士道

徳川家康に一度は切腹を覚悟させた「日本一《ひのもといち》の兵《つわもの》」の戦いぶりとその生き様とは！

中江克己

(SE-632)

リバウンドしない
収納の魔法

テレビや雑誌、セミナーなどで活躍中の収納王子が実践している片づけノウハウ。たった3ステップでみるみるキレイに！

収納王子コジマジック

(SE-633)

闇に消えた歴史の真相
暗黒の日本史

そのとき、何が起きたのか？本能寺の変、坂本龍馬暗殺…「もうひとつの歴史」が明らかに！

歴史の謎研究会［編］

(SE-634)

虫じゃないのに
なぜ「蛙《かえる》」は虫へん？

日本人なのに答えられない漢字の謎

木を囲むと、なぜ「困」る？「越（える）」「超（える）」の使い分けは？イラストでわかる漢字の「へえ〜」がいっぱい！

日本語研究会［編］

(SE-635)